D'origine américano-irlandaise, **Suzanna Crampton** est née à New York. Issue d'une lignée d'agriculteurs, elle n'a pas résisté longtemps à l'appel de la terre. Après avoir travaillé pour une ONG à Bornéo, d'où elle est revenue avec une solide connaissance du monde animal et une grave maladie tropicale, elle a décidé de reprendre la ferme familiale en Irlande. Depuis vingt ans, maintenant, elle élève des moutons noirs dans la joie et la bonne humeur.

Ce livre est également disponible au format numérique

Suzanna Crampton

# PROFESSION : CHAT DE BERGER

Traduit de l'anglais (Irlande) par Claire Allouch

Hauteville

Titre original : *Bodacious the Shepherd Cat*



Photographies intérieures :
avec l'aimable autorisation de l'autrice

ISBN : 978-2-8112-3357-0

Hauteville – Milady
60-62, rue d'Hauteville – 75010 Paris

E-mail : info@milady.fr
Site Internet : www.milady.fr

*À mes parents, Julia et Richard Crampton.*

« Nous maltraitons la terre parce que nous la considérons comme une marchandise qui nous appartiendrait. Lorsque nous verrons la terre comme une communauté à laquelle nous appartenons, nous commencerons peut-être à l'utiliser avec amour et respect. »

Aldo Leopold

# Introduction

Je suis Bodacious, le Chat de Berger, et ceci est mon histoire. Je n'ai pas toujours été appelé Bodacious. J'ai peut-être porté un autre nom quand j'étais un chaton, dans la ville voisine de Kilkenny, mais tout ceci est un peu mystérieux pour mon humaine. En ce qui la concerne, je suis apparu un beau jour et ne suis jamais reparti. C'est un secret que je compte bien garder.

La Bergère m'a raconté comment elle m'avait trouvé à de si nombreuses reprises, en brodant chaque fois davantage, que c'est presque devenu un conte de fées. Un jour, elle est entrée chez une fleuriste de Kilkenny en quête d'un ruban rouge pour le cadeau d'anniversaire d'une amie – une timbale de verre soufflé à la main dans laquelle elle avait planté des herbes. Elle me l'a décrit avec force détails : comme les herbes étaient vertes, la terre brune, et le ruban, d'un rouge sombre. (La Bergère est très enthousiaste pour ce genre de choses.) Le magasin de fleurs, qui porte le nom exotique de *Lamber de Bie*, est niché dans une ruelle pavée près de Kilkenny Castle. La dame qui y travaillait, Jaszia, a expliqué à la Bergère que, comme c'était le lendemain de la Saint-Valentin, elle était en panne de ruban rouge, mais qu'elle avait en revanche un chat.

— Peut-être bien qu'il pourrait vous intéresser, a commenté Jaszia, qui ne connaissait que trop bien la Bergère. Vous voyez la boutique qui vend des cuvettes de w.-c. rigolotes, en bas de la pente du château ? Eh bien, il y a un chat des rues qui s'y est installé. Malheureusement, la propriétaire ne peut pas le garder, car elle a déjà trois chiens à la maison.

— J'irai voir, a répondu la Bergère.

Évidemment qu'elle irait voir : elle adore les animaux et élève toute une ménagerie dans la ferme familiale, mais je vous en dirai davantage sur ce sujet plus tard. Elle m'a raconté que, lorsqu'elle est entrée dans la boutique, elle m'a vu en train de me promener parmi ces cuvettes de toilettes en plastique transparent et aux couleurs vives. Elles renfermaient toutes sortes de choses bizarres, comme des fils de fer barbelé, de la paille, et même des coraux et des poissons tropicaux. Bien sûr, elle a cru que j'étais le propriétaire des lieux, mais je n'étais là que depuis trois jours. Quel culot ! Comme si un commerce qui vend des cuvettes de toilettes fantaisie pouvait convenir à un chat comme moi ! Elle m'a aussi dit qu'on m'avait trouvé avec un collier rose orné de souris bleues : de toute évidence, il ne pouvait s'agir que d'une blague, mais cela montrait néanmoins que quelqu'un d'autre m'avait aimé également.

La propriétaire avait fait son possible pour retrouver mon maître, et tout le monde à Kilkenny avait entendu l'appel radio, mais personne ne s'était présenté. Cela pourrait m'attrister, j'imagine, mais ce n'est pas le cas, car, si je n'étais pas entré dans ce magasin de toilettes quelques jours auparavant, je n'aurais jamais rencontré la Bergère. Je n'aurais pas eu la vie que je mène maintenant à Black Sheep Farm, dans de petits prés verts qui surplombent les berges de la Nore. La terre appartient à la famille de la Bergère depuis des générations. Aussi chaque bâtiment et chaque parcelle ont-ils un nom et une histoire orale connue, comme le Pré du chargeur à vent – car, autrefois, dans les années 1940, il s'y dressait un moulin qui générait l'électricité de la ferme.

Au début, la Bergère m'a gardé à l'intérieur, en affirmant qu'elle ne voulait pas que je disparaisse à nouveau, du moins pas tant que je n'aurais pas identifié cet endroit comme ma nouvelle maison. C'était gentil de sa part, mais ce qu'elle ignorait, c'est que je l'ai considéré comme mon chez-moi dès que j'y ai posé les pattes. Pourtant, pendant deux semaines, je suis resté lové près du fourneau Aga ou devant la fenêtre, à observer les énormes châtaigniers et les montagnes au loin, ce qui me semblait très plaisant. J'ai rencontré également les autres membres de ma famille, ce qui m'a été utile et m'a permis de m'établir fermement en tant que Presque Chat en chef.

J'ai découvert les us et coutumes de la vie à la ferme avec Oscar, désormais disparu depuis longtemps. C'était un félin à l'allure curieuse, avec une robe blanche marquée par quelques grandes taches rayées qui couvraient, entre autres, les oreilles et la queue. Cette dernière semblait avoir été peinte, puis collée sur son arrière-train après coup. Plus tard est venue Miss Marley, dont les propriétaires étaient partis en Nouvelle-Zélande sans avoir les moyens de payer l'onéreuse quarantaine imposée pour introduire un animal sur le territoire. C'est une chatte timide, sans prétention, qui aime son travail d'inspectrice de la laine. Je lui laisse cette importante tâche, même si elle ne fait rien d'autre que d'en tester la douceur en se roulant en boule pour s'endormir sur les tas de toison brute – parfois même sur nos couvertures tissées dans la laine de nos moutons de la race rare des zwartbles, juste avant qu'elles soient expédiées à l'autre bout du monde.

Manique, mon apprenti Chat de Berger, un matou gris rayé, est lui aussi arrivé tardivement, et c'est tant mieux, car franchement, il a beaucoup à apprendre… et un sacré poil dans la patte ! Il a été baptisé peu après son installation à la ferme. La mère de la Bergère a ouvert la porte du fourneau Aga et s'est penchée pour attraper ce qu'elle prenait pour une manique afin de sortir un poulet rôti. En posant la main sur le nouveau membre de la ménagerie, encore dépourvu de nom, elle s'est écriée : « Oh, je t'avais pris pour une manique ! » C'est donc ainsi qu'il a été nommé. Ses deux grands objectifs dans la vie sont de passer le plus de temps possible étalé contre le fourneau tiède ou bien dans un large saladier, en haut du grand placard de la cuisine, bien au chaud au-dessus de l'Aga. L'un de ses sports préférés consiste à embêter Miss Marley à la moindre occasion. Récemment, son joujou favori est devenu, à mon grand dégoût, la nouvelle Flaquetrice canine (je vous en dirai davantage à son sujet plus tard), qui est à peine plus grande qu'un rat.

J'ai aussi rencontré mon meilleur ami canin à Black Sheep Farm : un croisement de border collie et de fox-terrier un peu hirsute du nom de Pepper, beau garçon avec sa fourrure noire et drue, et sa barbe parsemée de poils blancs. Au fil des années, j'ai pu voir sa robe mûrir en une couleur poivre et sel fort distinguée qui lui couvre tout le corps. « Le Einstein des chiens » : c'est ainsi que le surnomment de nombreux humains en riant, avec l'idée que, s'il était bipède, il serait sans doute un savant à barbe, fumeur de pipe. Plus important, c'est un tenace chasseur de rats, et aussi d'écureuils gris et de lapins, qui abondent à la ferme. Les plus sensibles d'entre vous considèrent peut-être cela comme une horrible cruauté, mais j'ai beaucoup appris sur la nature depuis que je mène ici une vie champêtre. Les rongeurs détruiraient tout si on les laissait pulluler. Ils dévorent et salissent le fourrage et les céréales, et grignotent même les câbles électriques, ce qui peut causer des incendies. Les lapins, lorsqu'ils sont trop nombreux, contractent un terrible virus appelé myxomatose. Leur population décroît alors, et renards et buses manquent de nourriture. Les écureuils gris ont supplanté notre écureuil roux et arrachent, en outre, l'écorce des jeunes arbres, ce qui les tue ou contrarie leur croissance. La Bergère raffole de ses arbres, et elle se met dans tous ses états quand elle en trouve un ravagé par les écureuils.

La Bergère a adopté Pepper dans un refuge local. Quelqu'un l'avait déposé après l'avoir retrouvé avec ses frères et sœurs dans un carton, sur le bord d'une route fréquentée, non loin de Black Sheep Farm. La gentille dame qui tient le refuge pour chiots ne voulait pas d'argent, pas même un don de pâtée pour chien en échange de l'adoption. À la place, elle a demandé un petit panier de figues. Elle se rappelait avoir visité la ferme, des années plus tôt, et que le grand-père de la Bergère lui avait fait goûter une délicieuse figue mûre, tout juste cueillie. (Jadis, l'arrière-grand-mère de la Bergère avait planté une demi-douzaine de figuiers, qui ont prospéré contre les murs de pierre du jardin, et ces arbres produisent toujours des figues exquises chaque été.) La Bergère a expliqué que les figues ne pourraient pas être récoltées avant plusieurs mois, car la saison a lieu en août. La gentille dame a répondu que ce n'était pas un problème. Elle pouvait attendre, car, dans son souvenir, la figue était absolument remarquable.

Quelques mois plus tard, la Bergère lui a apporté un petit panier de figues mûres comme paiement pour Pepper. Elle l'a aussi amené pour montrer quel joli chien il était devenu. Mais lorsque la portière de la voiture s'est ouverte devant le refuge, Pepper a respiré une fois l'air du coin et a refusé tout net de descendre. Le pauvre garçon pensait, m'a-t-il dit, que la Bergère allait le rendre. Il est resté à trembler sur le sol de la voiture, terrifié à l'idée de ce qui se préparait sans doute. La Bergère l'a rassuré et laissé là pendant qu'elle déposait le panier. La dame était enchantée, m'a raconté plus tard Pepper, car il se trouve que la récompense promise lui était totalement sortie de l'esprit.

Lors de mon arrivée à Black Sheep Farm, la matriarche de la gent canine était Tassie. Elle aussi avait été adoptée par la Bergère auprès de la gentille dame du refuge. C'était une jack russell tenace, avec un poil dur et blanc, qui avait peur d'à peu près tout à cause de sa vie d'avant dans une famille maltraitante. Mais sa grande passion, lorsqu'elle n'était pas pendue aux basques de la Bergère, était la chasse aux rats. Elle excellait dans son travail, allant jusqu'à grimper aux arbres et aux murs à la poursuite de ses proies. Les gens appelaient souvent la Bergère pour lui demander d'amener Tassie chez eux quand ils avaient acculé un rat, tant elle était rapide et efficace pour les en débarrasser.

D'après ce que j'ai compris, lorsque Le Grand est arrivé, c'était un petit chiot noir qui tenait dans un cabas de courses. À présent, c'est un imposant berger allemand. Lors de mes premiers jours à la ferme, quand j'entendais ses aboiements, j'avais tous mes très nombreux poils qui se hérissaient. C'était littéralement assourdissant. Mais à présent, je sais que, derrière sa grosse voix, il a un cœur de guimauve.

Et puis il y a le capricieux Ours, débarqué ici plus récemment sous la forme d'un chiot minuscule, et donc connu à l'époque sous le sobriquet de Flaqueteur. C'est un surnom pertinent pour les jeunes chiens, car ils semblent tous disposés à laisser des flaques partout sur le sol de la cuisine et que nous devons éviter jusqu'à ce qu'elles soient nettoyées. Ours est un bâtard avec les talents de limier d'un beagle, l'abondante fourrure soyeuse d'un king-charles, la ténacité d'un jack russell et le manque de loyauté d'un labrador. Ses jambes trapues et arquées lui donnent l'air d'un corgi très bizarre. Sa mère était une chienne adoptée en refuge, que ses propriétaires avaient laissée un peu trop libre de ses mouvements… Elle était chez le vétérinaire pour être stérilisée lorsque l'on s'est aperçu qu'elle attendait des chiots !

Ours, je le tolère simplement, mais en ce qui concerne la nouvelle Flaquetrice, eh bien… elle est petite, avec une fourrure brun-noir, des oreilles beaucoup trop grandes pour son corps minuscule – qui la font ressembler à une chauve-souris – et une queue malicieuse toujours dressée, que certains humains trouvent « mignonne ». À mes yeux, c'est une nuisance, malgré son prénom péruvien prétentieux : Inca ! Il n'arrivera jamais trop vite, le moment où elle apprendra à respecter l'autorité et à se comporter en conséquence. En attendant, je me satisfais pleinement de contribuer à son éducation en lui donnant des baffes bien senties, toutes griffes dehors, à des moments que j'estime propices dans mon agenda.

La Bergère aime la tête de chauve-souris de la petite chienne, car elle lui rappelle son séjour à Bornéo, il y a bien longtemps, où elle a travaillé pour une ONG de protection des animaux sauvages. Une fois, elle a fait une sortie en bateau, dans une mangrove, pour observer des nasiques dans leur habitat naturel. Ils ont un long nez plat, totalement disproportionné, et une grosse bedaine. Après avoir silencieusement manœuvré autour des îlots afin que l'équipe puisse admirer les primates, les esquifs sont repartis vers Brunei. Alors que le coucher de soleil approchait, l'air s'est soudain empli d'un bavardage sonore tandis que murmuraient les ailes de milliers de renards volants s'élançant à la recherche de fruits. Ces grandes chauves-souris ont une tête de goupil avec des oreilles pointues et ressemblent beaucoup à notre nouvelle Flaquetrice.

Quand je suis arrivé à la ferme, je n'avais même pas de nom. On m'appelait simplement Minet ou Minou-Minou-Minou, ce qui était tout de même un peu avilissant, surtout pour un bel animal comme moi. Les gens demandent souvent quelle est ma race, avec mes grands yeux verts, mes oreilles en pointe et mon abondante fourrure brun-noir. Quelle question ! Je suis un chat, évidemment... Et pas un maine coon ni un norvégien, mais un chat de Kilkenny, rien que ça.

Bref, quand la Bergère m'a enfin laissé quitter la chaleur douillette de l'Aga, je me suis mis à la suivre partout : il faut dire qu'elle est plutôt intéressante, avec sa longue crinière grise et sa voix forte qui porte jusqu'au fin fond des champs pour ramener nos moutons adorés.

Vers l'époque de mon arrivée, elle gardait des chevaux dans les écuries, au sein d'une cour de ferme indépendante et entourée de dépendances basses en pierre. Ce matin-là, elle s'est approchée à grands pas des box, où deux chevaux sortaient la tête par-dessus leur demi-porte. Elle leur a mis leur licol et a ouvert les deux battants en disant d'une voix ferme : « Pas bouger ! » Ils sont restés immobiles comme des statues, ce qui m'a beaucoup impressionné. Je me suis avancé entre eux pour mieux voir. Ils étaient, on ne peut le nier, très grands, avec une robe luisante – l'une baie et l'autre grise – et une crinière soyeuse. Pour des canassons, ils étaient franchement pas mal. Les chevaux, comme chacun le sait, ne sont, la plupart du temps, pas très intelligents. (Sauf Marco Polo… mais je vous en dévoilerai davantage à son sujet plus loin.)

— Idiot de chat ! a commenté la Bergère quand elle m'a vu sous leurs pieds.

Elle m'a repoussé du bout de sa botte avant de les faire avancer. J'imagine qu'elle craignait qu'ils me marchent dessus avec leurs gros sabots en sortant dans la cour pavée. Ils se dressaient au-dessus de moi de toute la hauteur de leur corps musclé. Elle a sans doute cru que j'avais peur, mais elle se trompait : la peur, ce n'est pas mon style. J'ai continué à marcher à mon rythme entre les chevaux, pas perturbé le moins du monde par leur taille ni par le bruit de métal que produisaient leurs fers sur les pierres alors qu'ils se dirigeaient vers la grille du pré.

— Mon Dieu ! s'est-elle écriée en ne me voyant pas m'éloigner. Tu es vraiment *bodacious*, tu sais ?

Et c'est ainsi que je suis devenu Bodacious.

Depuis, elle n'a cessé de me saouler avec l'étymologie de ce mot cajun, venu des bayous de Louisiane. Apparemment, il signifie « grand, plein d'audace, magnifique et râleur », ce qui me décrit sans doute assez bien. Cela lui rappelle sa jeunesse, car c'est ainsi qu'on l'appelait quand elle n'était qu'une jeune femme énergique qui vivait à New York, il y a de nombreuses années-chat de cela. Même si Black Sheep Farm est dans la famille de la Bergère depuis deux cents ans, une partie de ses ascendants viennent d'Amérique.

Tout ceci s'est passé il y a fort longtemps – neuf ou dix ans – et j'ai décidé de rester. Il y avait quelque chose dans cette maison, dans ce verger et dans ces prés qui me donnait envie de prendre part à la vie d'ici. Pas pour les raisons habituelles – une abondance de nourriture et de rongeurs –, mais parce que je m'y sentais chez moi, à prendre le soleil dans un coin du jardin qui surplombe un corps de ferme d'un rose doux et fané, ou à renifler partout dans le verger. En plus, je savais que la Bergère avait besoin de moi. Elle avait du mal à s'en sortir avant que j'arrive, bien que le dévoué Pepper fasse de son mieux.

Une fois ma décision prise, j'ai dû me trouver un rôle dans la famille animalière de la Bergère. Je me suis mis à coller aux basques d'Oscar, le chat blanc avec des taches rayées. Il semblait être le patron. Aussi ai-je décidé de l'imiter. Quand il y avait des agneaux sous une lampe chauffante, Oscar s'installait avec eux. Il se lovait juste sous la résistance pour ajouter à la température du groupe. Ce n'était pas du tout par égoïsme, inutile de le préciser.

Oscar est mort en 2013, et je dois avouer qu'il me manque. Je n'ai plus personne avec qui partager le fardeau d'être Chat de Berger en chef, et les responsabilités que ça implique. Et elles sont nombreuses : pour l'essentiel, je donne des ordres, surveille et tiens compagnie à la Bergère pendant les longues heures d'agnelage. Je veille sur les prés lorsqu'elle fauche les hautes herbes dans les prairies souvent broutées. J'aide à rentrer le foin, je supervise le bétail à l'heure du repas, je prête mon assistance dans les soins aux agneaux nouveau-nés, pour ceux qui ont besoin d'un petit coup de pouce afin de démarrer dans la vie.

Je ne suis pas comme Little Bo Peep dans la comptine : je n'ai pas l'habitude de perdre mes moutons. Toutefois, il est arrivé que quelques-uns s'enfuient par une barrière cassée ou en sautant un muret de pierres effondré, jusque dans les prés des voisins. J'ai appris à accepter les hauts et les bas de l'existence, et la mort de temps en temps. S'occuper de moutons est un dur labeur. Ma Bergère est pour le développement durable. Aussi devons-nous nourrir la terre naturellement pour obtenir une saine variété d'herbes, de trèfles, de plantes et de fleurs sauvages. Toute cette végétation alimente les moutons, qui font de la laine qui sera tondue, lavée, filée et tissée pour créer de magnifiques couvertures (que la Bergère dessine elle-même) dans une manufacture locale, Cushendale, qui se trouve dans le charmant village de Graiguenamanagh. Ces couvertures sont expédiées partout dans le monde. Notre président d'Irlande lui-même en a une (mais je vous confierai davantage sur ce sujet plus tard). Dans ce livre, il sera beaucoup question de moutons. Certains sont destinés à la boucherie, d'autres sont vendus à des éleveurs pour la reproduction.

Je ne suis qu'un exploitant modeste, si l'on compare mon cheptel à ceux que l'on peut voir en Australie et en Nouvelle-Zélande, où les troupeaux atteignent plusieurs milliers de moutons blancs laineux. Le mien est petit : pas plus de soixante ou quatre-vingts têtes, la plupart d'une race rare appelée « zwartbles ». Ce sont de grands moutons couleur chocolat avec une longue tache blanche sur la face, une autre au bout de la queue, et deux socquettes blanches sur les pattes arrière. Ils sont un peu idiots, mais assez faciles à diriger. Ils produisent de grandes quantités de lait, qui donne de délicieux fromages ou une glace savoureuse, que la Bergère fait fabriquer, à se lécher les babines… Leur jolie laine est d'un brun riche qui évoque le chocolat, comme je le disais, ou même l'expresso.

Il m'arrive aussi de devoir m'occuper de la Bergère de temps à autre. Comme je l'ai expliqué plus tôt, elle a autrefois travaillé pour une ONG qui protège les animaux sauvages en

Asie du Sud-Est. Elle s'y est liée d'amitié avec de nombreux animaux exotiques, tout en collectant des données sur l'élevage et les soins vétérinaires afin de les transmettre à son employeur londonien. C'était avant qu'on puisse chercher sur Google de telles informations et trouver des réponses correctes. Pendant son séjour, elle a contracté une maladie tropicale qui l'a clouée au lit pendant trois ans. Bien qu'elle ne soit pas guérie, elle s'en sort avec mon aide et apprécie le travail à la ferme. Mais je dois tout de même jouer les gardes-malades quand elle est victime d'une rechute. Je m'allonge sur elle pour qu'elle reste immobile. Je n'ai pas une vie facile.

En plus de tout cela, je donne des instructions à la Bergère lorsqu'elle cuisine et m'assure que tous les œufs de mes œuf-théticiennes soient ramassés. Elles s'imaginent peut-être qu'ils sont bien dissimulés, mais je connais leurs cachettes, derrière des ballots de paille ou dans le foin. Je surveille aussi d'autres animaux et ne rechigne pas à asséner une gifle, toutes griffes dehors, pour maintenir la discipline. Lorsque la Bergère travaille dans le jardin, je m'assure que le rouge-gorge ne s'approprie pas tous les vers et qu'il en laisse pour enrichir naturellement la terre. C'est très simple, en réalité : il me suffit de le chasser de son perchoir, en haut de la fourche de jardinage. Je laisse Miss Marley tranquille, mais je dois toujours garder le contrôle sur Manique afin de lui rappeler qui est le Chat de Berger en chef.

Mon travail ne s'arrête jamais, mais en général, je commence ma journée quand je le sens. Parfois, je démarre quand la porte de l'arrière-cuisine s'ouvre : j'entre pour prendre un petit déjeuner de croustillantes croquettes. D'autres fois, je commence en comptant les moutons avec la Bergère et notre équipe canine. À mon sens, la façon la plus exacte de procéder est de compter les pattes, puis de diviser par quatre.

J'aime marcher dans les prés pour inspecter brebis et agneaux. Certains sont de vieux amis, que je salue d'un tendre coup de tête. D'autres tentent, à l'inverse, de m'en asséner un, à moi ; aussi, je les évite. Les agneaux mâles peuvent être assez difficiles, et je dois donc y faire particulièrement attention. La plupart du temps, tout se passe bien lorsque nous traversons le terrain pour dénombrer les bêtes, vérifier les barrières, les murets de pierre et observer les animaux sauvages au fil des saisons. Mais à force de compter tous ces moutons, j'ai parfois un peu sommeil. Alors, ensuite, il m'arrive de piquer un petit roupillon devant ou sur l'Aga.

Après plus de vingt ans à gérer la ferme, la Bergère a acquis des compétences passables, et les avantages de la superviser dépassent les inconvénients. Je n'envisage donc pas de changer dans l'immédiat. Mais je suis un chat particulièrement indépendant, et il ne faut pas me négliger. Je n'apprécie PAS DU TOUT les enfants ni les idiots. Je suis un chat de ferme professionnel très occupé et intelligent – s'il m'est permis de le dire moi-même. Ça arrive que des humains essaient de me prendre dans leurs bras, mais ils me reposent bien vite quand je plante mes dents dans leur main. Si l'on m'embête, je ne suis pas long à griffer la peau nue. La seule humaine que je respecte, c'est la mienne, la Bergère. En tant qu'agricultrice de sexe féminin, certains humains mâles la prennent parfois de haut et demandent à voir « le patron ». Elle ne peut pas vraiment me montrer en disant : « Le patron, c'est lui. ». Ils risqueraient de rire encore plus, même si nous savons, tous deux, que c'est la vérité.

Certains matins froids et brumeux, alors que nous arpentons les collines vertes et arrondies de notre parcelle de quatorze acres (sur un total de cinquante que compte la ferme), la vapeur de notre souffle nous précède. Nous nous sentons seuls jusqu'à ce que l'ensemble de notre troupeau s'approche d'un même pas en bêlant, surgissant du brouillard. Lorsqu'un froid soleil d'hiver laisse échapper une pâle lumière et que le givre blanchit le sol dans l'aube sombre, des formes noires s'attardent au loin dans les prés, puis s'avancent quand on les appelle pour le petit déjeuner. Le son du Seau magique, plein de granulés pour moutons, les attire à notre rencontre.

Bien entendu, il y a de nombreuses autres tâches que le nourrissage hivernal. J'aime superviser les vaccins et l'administration de vermifuge aux moutons, et surtout aux agneaux. Je m'assieds sur une table en bois ou sur le haut d'un vieux mur de pierre qui surplombe l'enclos de travail. De temps en temps, je bavarde avec un mouton alors que la Bergère les vaccine et les vermifuge chacun à leur tour. Lorsqu'un engin de ferme a besoin d'être huilé ou réparé, je surveille les opérations. J'aime jardiner, et quand je ne donne pas d'ordres à la Bergère pendant qu'elle creuse, je dors à l'ombre fraîche des haies de buis. Si quelqu'un passe et que je me réveille, je crie toujours « miaou » pour dire bonjour, et je sors de mon lit douillet pour le guider vers une autre tâche. C'est ça, la vie de fermier : il y a toujours mille choses à faire, et nombreuses d'entre elles sont délaissées. Pour les agriculteurs, le week-end reste une période de travail dépendant du temps et des saisons : le calendrier ne s'applique pas.

Qu'il pleuve, qu'il neige, qu'il vente ou que le soleil brille, j'arpente les allées, je traverse les ruisseaux d'hiver, j'avance à pas prudents dans la boue devant les grilles, je me faufile dans les longues herbes d'été, je me perche d'un bond sur les poteaux des clôtures pour surveiller mon troupeau de moutons, ou bien je marche sur le faîte des murs pour les voir de haut. Jusqu'ici, ma queue en panache ne s'est jamais retrouvée coincée dans une grille, mais on m'a déjà oublié du mauvais côté, et j'ai dû passer en rampant dessous ou à travers... Une véritable atteinte à ma dignité ! Remarquez, je suis immunisé contre les cours boueuses désormais, car ma période citadine et ma jeunesse sont depuis longtemps derrière moi. Ainsi va ma vie d'aujourd'hui, et je n'en changerais pour rien au monde.

# PARTIE I

# PRINTEMPS

# 1

## Œuf-théticiennes et fleurs de printemps

Pendant le mois de mars, sale et boueux, Black Sheep Farm offre une vue unique lorsque fleurissent les jonquilles. Dans le pré que nous appelons La Pelouse du milieu, on dirait que le soleil est venu s'écraser par terre. Il y a au moins vingt et une variétés de jonquilles, et peut-être même plus. Les grands-parents de la Bergère ont planté les bulbes bien avant mon époque. C'est ainsi qu'ils gagnaient leur vie : ils vendaient fleurs et légumes sur les marchés locaux.

Le corps de ferme de Black Sheep, avec son charmant extérieur jaune et rose, à présent recouvert d'un épais manteau de lierre, son joli porche soutenu par quatre colonnes toscanes (qui ne datent pas de l'ordre toscan, évidemment, mais ont été installées bien plus tard), son vaste toit d'ardoises et ses chaleureuses dépendances en pierre, est dans la famille de la Bergère depuis des générations. De temps en temps, elle sort un vieux livre poussiéreux, daté de 1801. À chaque fois qu'elle ouvre ce volume qui craque, avec sa reliure en cuir fendillée, je me mets à éternuer. Elle me montre le passage écrit par son arrière-arrière-arrière-grand-père, il y a longtemps, sur l'élevage de moutons. Dans ces temps anciens, presque étrangers désormais, il fallait un cheval ou un âne pour tirer la charrue. On mesurait la qualité de certains troupeaux au nombre de fromages produits chaque jour à partir de leur lait. À l'époque, après la mise bas, on ne laissait les agneaux que six semaines avec leur mère avant le sevrage, et toutes les brebis étaient traites. Aujourd'hui, avec l'agriculture moderne, la plupart des troupeaux de moutons sont destinés exclusivement à la boucherie. Il reste quelques laiteries qui traient les brebis, et de nouvelles s'y mettent en Irlande, car les humains sont en train de se rendre compte que leur lait est délicieux, à la grande joie de la Bergère. Autrefois, les paysans produisaient de savoureux fromages au lait de brebis, qui étaient vendus chaque semaine dans la ville toute proche de Kilkenny. À cette époque, sans réfrigération, le lait de brebis se conservait mieux, ne tournait jamais et gardait son goût subtil lorsqu'on le transformait en fromage. Ainsi, les brebis, susceptibles d'être traites et dont le lait donnait de nombreux fromages, étaient considérées comme un bétail supérieur. Le lait de vache était un rival, mais lorsqu'il était transformé en beurre ou en fromage, il s'abîmait plus vite – avant l'invention du réfrigérateur. Le fromage de brebis se gardait mieux.

De nos jours, non seulement la Bergère utilise la laine pour faire de belles couvertures, mais elle perpétue de nombreuses tâches agraires qu'elle a apprises de ses grands-parents, lorsqu'elle était petite et venait en visite à Black Sheep Farm, depuis sa maison qui se trouvait alors à des milliers de kilomètres, en Amérique.

Contrairement à moi, félin citadin de Kilkenny, né sur le sol irlandais, la Bergère a vu le jour à New York, où son père (que l'on peut décrire comme un homme de haute taille, encore beau, aux épaules voûtées et aux manières calmes et efficaces) travaillait dans les hôpitaux publics. À la naissance, la Bergère n'était pas une enfant en pleine santé. On n'a pas tardé à découvrir qu'elle était allergique au lait de vache. En fait, peu après mon arrivée à la ferme, la Bergère et sa mère étaient en train de vider un grand placard de cuisine, lorsqu'elles sont tombées sur une grosse boîte en métal bleu-gris de lait infantile au soja de la marque Gerber, cachée tout au fond de l'étagère du haut. Il y avait encore le prix et l'étiquette d'un magasin de Belfast. La Bergère voulait la garder comme souvenir, mais sa maman, qui n'était pas de cet avis, lui a dit : « Quand tu étais bébé, tu étais tellement maigre que les gens pensaient que je te laissais mourir de faim. »

La Bergère a de la chance d'avoir connu ses quatre grands-parents, ainsi que des cousins plus âgés qu'elle a pu questionner sur son histoire familiale. Sa généalogie est à peu près aussi pure que celle de notre bâtard, Ours. Son ascendance américano-irlandaise est un patchwork d'Irlande, d'Écosse, d'Angleterre, du Maryland (colonie anglaise à l'époque) et d'Ukraine. Pourtant, elle a vraiment l'agriculture dans le sang. Du côté paternel, l'un de ses lointains ancêtres est né en 1735, dans le Maryland, où il fut fermier à Pleasant Valley, dans le comté de Washington, à environ un kilomètre et demi à l'ouest de Crampton's Gap, dans la South Mountain, une extension septentrionale de la chaîne des Blue Ridge Mountains.

Le grand-père paternel de la Bergère était un don Juan, très bel homme, qui a courtisé de nombreuses femmes magnifiques et réputées entre ses trois mariages, et aussi pendant. Il a abandonné sa première épouse – grand-mère de la Bergère –, journaliste et écrivaine de mode à succès dans les années 1920, alors que le père de la Bergère était tout jeune, et sa sœur, encore bébé. Sa mère, Louise, a survécu à la Grande Dépression en tant que mère célibataire et a soutenu ses enfants tout au long de sa double carrière dans l'entreprise de publicité Benton & Bowles, à New York, et comme rédactrice du guide du Connecticut. Quand elle manquait d'argent, de gentils fermiers la laissaient glaner pommes de terre et carottes dans leurs champs, après la récolte. Le père de la Bergère se souvient que sa mère parvenait à créer une atmosphère d'aventure et de pique-nique alors qu'elle faisait rôtir leur maigre dîner dans l'âtre de leur petit corps de ferme, au fin fond du Connecticut. À présent, les légumes et la bonne viande d'agneau ne manquent pas à Black Sheep Farm, mais la Bergère a conservé le sens du soin et de l'économie qu'avaient ses parents et grands-parents.

Quand la Bergère et moi ne serons plus là, mon magnifique troupeau de zwartbles sera dispersé, et la ferme passera à son prochain habitant. Tout ce qu'espère la Bergère, c'est que sa philosophie de lente amélioration des terres agricoles continuera avec la personne qui lui succédera. Enfant, elle est tombée amoureuse de la vie rurale et des tâches variées qui s'y rattachent. La famille de sa mère a pratiqué l'agriculture dans les parages depuis de nombreuses générations. De son grand-père maternel irlandais, dont la famille possédait Black Sheep Farm, elle a appris à soigner et à récolter les légumes, les groseilles, le cassis et les framboises dans son jardin potager. Il lui a aussi enseigné à cueillir et mettre en cageots pommes, poires et prunes de son verger. Sa grand-mère irlandaise lui a montré comment planter et faire pousser des fleurs, et comment confectionner des bouquets pour les vendre. Son grand-père maternel se considérait comme un jardinier marchand, mais il était aussi le talentueux auteur de cinq livres – des essais très reconnus. Sa grand-mère était peintre et poétesse, et elle a accueilli également de nombreux enfants pendant la Seconde Guerre mondiale et dans d'autres périodes difficiles.

Aux États-Unis, dans la ferme de ses cousins du Maryland, la Bergère a appris à traire les vaches à la main. Elle est devenue l'amie des moutons et a commencé à comprendre les rudiments de la gestion d'un troupeau. Ses cousins élevaient également des poneys de concours, et c'est ainsi qu'elle a su monter, et à cru avec ça. Plus tard, elle a découvert comment apprivoiser les jeunes poneys sauvages. Elle surprenait souvent les gens en enlevant la selle d'un cheval avant de le monter. La selle, expliquait-elle, la gênait, car elle l'empêchait de sentir les intentions de sa monture en s'intercalant entre elles. À présent, nettement plus âgée, elle apprécie le confort de monter avec.

Ici, à Black Sheep Farm, lorsqu'on fait sortir des agneaux orphelins de leur abri – où ils séjournent sous les lampes chauffantes – pour leur promenade quotidienne au grand air et leur grignotage de brins d'herbe, la Bergère ressemble à un joueur de flûte. Elle se déplace au hasard dans notre prairie de jonquilles blanches et jaunes, suivie par une ménagerie d'agneaux ; l'équipe canine ainsi que mon apprenti, Manique, gambadent dans son sillage. Les agneaux font la course parmi les fleurs tandis que Manique saute partout dans un jeu de cache-cache. Il bondit sur n'importe quel chien ou agneau qui passe à proximité, et se dresse sur ses pattes arrière, les griffes levées comme un ours qui danse. Parfois, il me fait ça par erreur alors que je m'avance, suivant la fête mais n'y prenant que rarement part, car il me semble que c'est réservé aux jeunes canidés qu'un rien amuse. Il reçoit alors l'humiliation d'un rapide coup de griffes et ne tarde pas à s'éloigner de nouveau à toutes pattes, en crabe, le dos arqué, les oreilles rabattues sur la tête et la queue toute tordue, prenant l'air d'avoir voulu m'effrayer et de ne pas être gêné du tout par notre brève bagarre. Lors des journées ensoleillées du mois de mars, tout le monde apprécie la balade dans le champ de jonquilles en fleurs.

Il existe de nombreuses superstitions et contes de bonnes femmes qui ont traversé les époques et l'histoire de l'agriculture. L'une d'elles consiste à observer la première brebis qui agnelle (c'est l'un des nombreux termes qui désignent le fait d'accoucher pour une femelle ovine) au début de la saison. Si cela se passe mal, il faudrait s'attendre à des problèmes ; mais, si tout va bien, la saison se déroulerait relativement sans encombre.

Il n'y a pas si longtemps, nos agneaux naissaient en mars. Je me souviens que les premières bêtes à mettre bas étaient celles de notre vieux troupeau de races mêlées. Pourtant, maintenant, avec les naissances qui arrivent plus tôt dans l'année, je me concentre surtout sur mes rondes matinales, car les œuf-théticiennes recommencent à pondre après quelques mois de repos hivernal. Après la chasse, rien ne me captive autant que la recherche des œufs tout chauds, tout frais pondus. Certaines œuf-théticiennes pleines d'astuce les cachent, et je les traque dans les tas de paille propre et dorée ou dans le foin odorant, dans les dépendances. Je descends derrière les meules et me glisse entre les ballots. De temps à autre, je surprends une souris ou un rat, ce qui ajoute au plaisir de ma quête d'un second petit déjeuner. Je suis toujours prêt à informer la Bergère et à tout lui raconter sur ma découverte tandis que je l'entraîne vers l'endroit où je pense qu'un nid est dissimulé. Elle ramasse alors les œufs, même s'ils sont tombés derrière des ballots de foin, et me récompense d'un délicieux œuf cru. Je n'aime rien autant que le jaune d'œuf! Les œufs, les œufs, quelle merveille que les œufs… crus, brouillés, au plat, mais jamais aussi bons que ceux, tout frais, de la ferme, encore tièdes à la sortie du nid.

Je suis la Bergère tandis qu'elle entre dans les écuries pour chercher des granulés. Je prends soin de lui montrer le conteneur qui renferme l'orge de nos œuf-théticiennes. Chaque matin, on leur jette une pelletée de grains, et elles se mettent avec joie à gratter et à picorer. Après leur petit déjeuner, les œuf-théticiennes partent en chasse de goûteux insectes, vers, larves et graines. Elles se délectent aussi d'herbes savoureuses et d'exquises plantes aromatiques sauvages, qui poussent en abondance dans nos prés d'alentour et qui donnent à leurs jaunes d'œuf une belle couleur orange foncé – signe de bonne santé – et une saveur gourmande unique. Leurs jaunes ressemblent au soleil du petit matin qui promet l'arrivée d'une journée fantastique. Mon opinion de félin gourmet est que leur régime fait de leurs œufs une nourriture à privilégier de toute évidence. Un bon jaune d'œuf, voilà la partie que je préfère dans la nourriture, ça me donne le poil brillant. Je suis capable d'entendre le craquement d'une coquille même quand je suis loin dans les prés, ou profondément endormi dans la bergerie ou les écuries. J'arrive alors ventre à terre, les oreilles pointées en avant. J'ai entendu la Bergère déclarer que, si l'on donne aux œuf-théticiennes une nourriture au goût prononcé, comme de l'ail rôti ou un reste de curry, leurs œufs prendront cette saveur pendant les quelques jours suivants. Je dois dire que c'est absolument vrai. Mais, à titre personnel, je préfère ceux qui ont l'arôme des insectes de notre ferme, de notre herbe et de nos plantes.

Chaque matin, les quatre canidés et moi traversons la cour pavée vers un grillage surmonté par un vieux panneau fixé au montant de pierre. On peut y lire : « Cette grille doit rester fermée en toutes circonstances. Dans le cas contraire, une amende de quarante shillings sera appliquée. »

Ce panneau est d'une importance capitale, car il fait rire les visiteurs et, ainsi, ils prêtent attention au message malgré la monnaie dépassée. Les shillings ont disparu depuis longtemps, mais les règles d'or de la vie rue rurale demeurent. L'une des plus importantes est celle-ci : chaque fois que l'on ouvre une grille pour la franchir, on doit la refermer derrière soi. Au fil des ans, des membres de ma jolie troupe d'œuf-théticiennes ont été tués par des renards, ou même par des chiens du voisinage, entrés par une grille laissée ouverte. Dans le cas des chiens, ils ont été pris la main dans le sac, et les voisins ont payé pour racheter des œuf-théticiennes. Mais, quand les renards se forcent un passage, ils massacrent en général toutes mes œuf-théticiennes.

Fin mars, les renardeaux de notre renarde locale sont assez grands pour commencer à manger des aliments solides. La mère explore la campagne pour trouver la source de nourriture la plus abondante pour sa progéniture affamée. Elle choisit ce qui est le plus facile à rapporter à la maison.

Si on laisse sortir les œuf-théticiennes trop tôt le matin ou si la porte de leur poulailler n'est pas bien fermée la nuit, la renarde s'y introduit ; et si on lui en laisse l'occasion, elle tue tout le groupe. Elle rapporte ensuite une volaille à ses petits et la met en pièces afin qu'ils puissent la manger plus facilement. Après avoir nourri sa portée, elle fait autant d'allers-retours que possible pour aller chercher le maximum de cadavres de nos œuf-théticiennes. Elle trotte alors vers un grand nombre de cachettes dans les haies et les champs pour enterrer les corps. Elle utilise le sol encore froid de mars comme garde-manger – à la manière dont les humains se servent d'un réfrigérateur – afin d'y conserver ses provisions. Elle essaie de faire ça à temps, avant que la Bergère ou mes chiens ne découvrent les œuf-théticiennes mortes.

Chaque fois que nous arrivons et découvrons ce qui ressemble à un massacre gratuit – les corps ensanglantés disséminés à travers l'enclos des œuf-théticiennes –, la Bergère est dans tous ses états. Je renifle chaque poule afin de constater le décès et de passer à l'examen de la suivante. L'équipe canine arrive, prend rapidement connaissance de l'assassinat des œuf-théticiennes, et ensuite évite soigneusement de poser les yeux sur n'importe quelle poule, morte ou vive.

Par leur langage corporel, ils crient à la Bergère : « Non, ce n'est pas nous qui avons fait ça ! Non, nous n'avons rien fait ! Mais nous sentons un fumet musqué qui flotte dans l'air. »

Ils se disent à chacun : « Tu perçois cette puanteur ? »

« Oui, vite, je reconnais cette odeur de renard. On dirait qu'il est parti par là. »

Après avoir échangé des regards, les chiens détalent – certains le nez en l'air, d'autres la truffe au ras du sol – sur la piste malodorante du prédateur. Ils se ruent vers un trou tout récent sous le grillage des œuf-théticiennes pour entrer sur la scène de crime. Quelques plumes traînent près de l'entrée du tunnel ou sont prises dans le grillage, ébouriffées, secouées par la brise. Une traînée de plumes est visible parmi les brins d'herbe et les feuilles, coincée dans les brindilles, tout ceci montrant le passage de la renarde à travers le pré avec les cadavres qu'elle a volés.

En général, c'est Pepper qui mène ma meute de chasse en s'élançant dans la puanteur musquée du nuisible. Si la Bergère voit notre équipe canine partir dans cette poursuite à travers un champ, elle s'inquiète que la minuscule nouvelle Flaquetrice à oreilles de chauve-souris, Inca, se perde, tombe dans un terrier de lapin ou soit tuée par un renard. Je dois reconnaître que l'attitude tenace de la petite chienne suscite mon admiration. Elle arrive à donner un fou rire à la Bergère lorsqu'elle attrape la queue d'Ours dans une étreinte digne d'un étau. Elle rebondit derrière lui et s'accroche de toutes ses forces alors qu'Ours court derrière Le Grand. Les deux chiens filent au coude à coude tout en se montrant les dents pour jouer. La Flaquetrice ne s'en prend jamais à personne d'autre qu'Ours quand elle joue à « attraper la queue du Mickey». Elle s'accroche jusqu'à ce que quelques poils du panache d'Ours cèdent soudain. Alors, Inca s'envole en roulé-boulé. Elle se redresse pour courir après les deux gros chiens, tout en recrachant le duvet d'Ours, et essaie de planter de nouveau les dents dans son cahoteux moyen de locomotion. Ces idioties se répètent quotidiennement, et parfois, Pepper s'abaisse à prendre part à ces sottes facéties, à ma grande gêne.

Les bons jours, quand elles n'ont été ni massacrées ni dévorées, les œuf-théticiennes attendent en général en trépignant devant la grille, impatientes d'avoir leur petit déjeuner. Parfois, le gros mâle, perturbateur et arrogant – alors qu'il n'est bon qu'à engendrer de nouvelles œuf-théticiennes pendant les mois de printemps et d'été –, se perche tout en haut de la grille, au-dessus de moi, et se met à crier comme si sa vie en dépendait. J'attends que la Bergère ouvre pour entrer nourrir les œuf-théticiennes, et je lui emboîte le pas. Dès que les grains d'orge sont répandus par terre, je lui demande de m'accompagner dans la maisonnette des œuf-théticiennes pour voir combien d'œufs elles m'ont fabriqués. Quand il n'y en a aucun, je suis vraiment très contrarié.

Des pies et des corneilles entrent souvent dans la maisonnette lorsqu'elles entendent le caquètement satisfait d'une œuf-théticienne qui a réussi à pondre et s'éloigne ensuite, toute fière, de son œuf encore chaud. Je trouve ça incroyablement stupide d'annoncer ainsi au monde entier que des œufs frais sont disponibles : autant inviter leurs ennemis à venir piller leur nid. À certains moments, en venant ramasser les œufs, la Bergère trouve une corneille ou une pie prise au piège dans la maisonnette. De temps en temps, un petit roitelet, un rouge-gorge ou un merle au doux chant sont attirés par les restes d'orge. Ils entrent en sautillant par la porte tout en bas, assez grande pour les œuf-théticiennes. Une fois à l'intérieur, ils se sentent enfermés et paniquent, incapables de se souvenir par où ils sont arrivés, et donc de ressortir. Lorsque la Bergère secourt ces petits oiseaux, elle les relâche dehors. Ils s'envolent, un peu éprouvés, mais sans blessures.

Une fois, j'ai vu le plus magnifique rapace, un épervier, qui a suivi un roitelet effronté dans la maisonnette des œuf-théticiennes et s'est vite retrouvé coincé dedans. Le roitelet, malin, s'est échappé par l'une des petites fenêtres, adaptée à sa taille, mais l'épervier n'a pas eu cette chance. Lorsque nous nous sommes approchés, la Bergère a entendu des caquètements affolés, un fort bruissement d'ailes et des chocs contre les fenêtres. J'ai su aussitôt qu'une créature plus grande qu'à l'accoutumée était prise au piège. J'étais très content d'attendre dehors pendant que la Bergère plongeait dans le poulailler pour tenter d'attraper à mains nues l'épervier brun et blanc tacheté. Plus vite elle parviendrait à le saisir, moins il aurait le temps de se blesser en paniquant dans l'espace restreint où il était enfermé, avec ses perchoirs et ses pondoirs. Quand la Bergère a réussi, enfin, à le tenir, elle l'a emmené dans le corps de ferme pour que nous puissions tous admirer sa beauté et ses yeux jaunes magnifiques. Je l'ai suivie en exigeant qu'elle le réprimande pour avoir effrayé mes œuf-théticiennes, qui en avaient cassé leur production, créant une grosse masse humide dans les copeaux de leur maisonnette. Et pas un œuf correct à me mettre sous la dent.

En avril ou en mai, il est habituel que plusieurs œuf-théticiennes disparaissent. Si elles n'ont pas été tuées par un renard, elles reviennent fin mai ou en juin, avec une troupe de bébés œuf-théticiennes à leur suite. Ceux-ci picorent et caquettent derrière leurs mères, qui arpentent la cour, très fières de leurs petites boules de duvet à peine écloses. Je dois reconnaître qu'elles peuvent être mignonnes.

Les œuf-théticiennes mères sont très protectrices. Je les ai vues, toutes ailes dehors, hérissées comme un plumeau, chasser Manique à travers la cour en lui lançant des cris perçants pour qu'il ne s'approche plus de leur nichée de poussins. Manique a le plus grand respect pour les œuf-théticiennes mères, au point qu'il attend que la Bergère, un chien ou moi-même l'accompagnions pour passer devant une œuf-théticienne qui a des petits. Même ainsi, il reste sur la défensive, et si l'œuf-théticienne fait le moindre geste dans sa direction, même si elle n'a ébouriffé que la moitié de ses plumes, Manique décampe à l'autre bout de la cour, la queue dressée.

La Bergère aime les oiseaux et me raconte souvent la même histoire, celle de son compagnon préféré de petit déjeuner, en Asie du Sud-Est : un calao. (Au passage, j'en profite pour informer mes lecteurs que mes œuf-théticiennes sont originaires d'Asie. Les œuf-théticiennes sauvages viennent des forêts tropicales humides et ont été les premières à être domestiquées. Ce sont elles qui ont donné naissance aux nombreuses variétés d'œuf-théticiennes qui existent aujourd'hui dans le monde.) Alors que la Bergère travaillait pour l'ONG, en Asie du Sud-Est, l'une de ses missions consistait à prendre des photos afin de documenter les exercices nécessaires à la rééducation de bébés orangs-outans. Après avoir été maintenus en captivité par des humains stupides, ils souffraient de handicaps liés à une nourriture inadaptée dans les maisons humaines. Ce centre de réintroduction se trouvait en Indonésie, sur l'île de Java. La principale activité était une sorte de physiothérapie douce pour ces pauvres primates. Chaque matin, la Bergère prenait son petit déjeuner en compagnie d'un magnifique oiseau de la jungle à l'allure étrange, un calao, qu'elle m'a maintes fois décrit. C'était un jeune mâle de la variété des calaos à cimier, dont le corps était couvert de plumes noires hérissées, comme celles du canard coureur indien, que certains d'entre vous savent sans doute reconnaître à son cou allongé et à sa course caractéristique.

L'ami de la Bergère avait un long cou ambré et des yeux brillants cernés de peau bleu pâle, comme si on lui avait appliqué du fard à paupières. Sa tête semblait constituée tout entière d'un énorme bec, fusionnant avec une sorte de corne sur le haut du crâne. Il se dandinait autour de vous à la façon d'un manchot, comme pour vous évaluer, m'a raconté la Bergère. Il tournait la tête à droite et à gauche pour mieux vous regarder. Mais, avec toutes les parties bizarres qu'elle m'a décrites, j'ai du mal à me faire une image de lui en entier.

Il s'asseyait sur la table à ses côtés, pendant qu'elle déjeunait, et quémandait des morceaux de sa salade de fruits, composée de raisins, de mangue et de banane tout juste cueillis. Ce malin de calao savait reconnaître un cœur tendre. La Bergère, amie des animaux, cédait bien facilement. Elle lui tendait l'un après l'autre les morceaux de fruits de son bol, jusqu'à ce qu'il soit repu. Après avoir pris une dernière bouchée, il la serrait dans son bec magnifique et l'avalait. Ensuite, il secouait la tête, régurgitait ce morceau de fruit intact, le ramassait délicatement du bout du bec et le rendait à la Bergère. Elle devait accepter poliment le grain de raisin ou le bout de mangue recraché. Une fois cette cérémonie accomplie, le calao lui prenait doucement la main dans son bec et la tenait pendant qu'elle se débrouillait pour finir son repas de l'autre. Ensuite, elle lui caressait gentiment la tête. Si seulement elle s'occupait de moi comme ça !

Le seul moment où la Bergère m'accorde son entière attention est celui de notre ronde d'exploration de Black Sheep Farm, en quête du meilleur carré d'orties à moissonner. Les orties sauvages sont un véritable concentré d'oligo-éléments printaniers pour nos ruminants, car leurs racines pivotantes prélèvent toutes sortes de vitamines et de minéraux du sol fertile de notre ferme. Les orties sont loin d'être des plantes idiotes : elles choisissent toujours le meilleur emplacement, celui où la terre est la plus riche. Les chevaux, même lorsqu'ils ont un bon bloc de sel à lécher, creusent à la recherche de racines d'orties en hiver. Tous nos herbivores mangent des orties une fois qu'on les a fauchées et laissées sécher au moins trois jours, ce qui leur enlève leur piquant. La Bergère cuisine les orties dans le bouillon extrait des os de nos poulets rôtis maison.

Je suis toujours prêt à rendre service quand il faut dépiauter une carcasse avant de la faire bouillir pour en extraire un bouillon. Nous sommes tous là, bien alignés : Pepper, Le Grand, la nouvelle Flaquetrice, Miss Marley, Manique et moi. Nous attendons notre tour pour recevoir un petit bout de poulet, mais il m'arrive de griffer la main qui me le tend quand je dois patienter trop longtemps. La vie de chat n'est pas rose tous les jours.

## 2

## Pluie et beau temps

Alors que mars cède la place à avril, la Bergère surveille les bourgeons de feuilles qui gonflent sur les chênes et les frênes, car ils ont, de tout temps, été considérés comme annonciateurs de la météo estivale. Chaque année, c'est la même chansonnette :

*Le chêne avant le frêne, l'éclaircie sera reine*
*Le frêne avant le chêne, la pluie règne sans peine.*

Ainsi, chaque matin, les bourgeons des deux espèces sont inspectés et comparés.

Alors que les jonquilles s'épanouissent encore dans les prés, l'herbe, les plantes sauvages et les fleurs commencent à pousser pour de bon lorsque le temps s'adoucit. Les bordures des champs se parent de couleurs plus nombreuses à mesure que le boueux mois de mars s'éloigne. Les verts tendres et subtils des arums apparaissent, la renoncule vient jaunir le bas des haies avec ses fleurs couleur jaune d'œuf, les primevères pâles s'ouvrent sur les berges et la violette des chiens étend son tapis mauve sous les arbres. Les couleurs foncent au fur et à mesure que le feuillage s'épaissit et procure davantage d'ombre. Les prairies se couvrent de pissenlits jaune vif, où bourdonnent les abeilles et autres pollinisateurs, qui font leur premier bon repas après le long repos de l'hiver. Les fleurs du coucou jaillissent de leurs rosettes de feuilles plates en clochettes jaune clair, qui se balancent au moindre souffle. De nos jours, on ne les cueille plus pour en faire de l'alcool, car il est devenu rare d'en voir en grandes quantités. La véronique et la vesce ajoutent des touches de bleu et de violet dans l'herbe. La Bergère aime déguster des fleurs de vesce, car elles ont un goût de noisette et de petits pois, et ajoutent une jolie note de couleur dans une salade verte. Pour ma part, je laisse ça aux lapins, mais certains humains raffolent de verdure.

Alors que les fleurs s'ouvrent et que les vents doux du sud-ouest viennent réchauffer la terre, les agneaux gambadent et folâtrent autour des arbres. Ils jouent à saute-mouton par-dessus un tronc tombé lors d'une récente tempête hivernale. Je ne connais rien de plus hypnotique que de regarder un troupeau d'agneaux faire la course pour voir qui arrive le premier en haut d'une colline. Ils tournent tous en même temps, comme devant une balise invisible, puis redescendent en grands bonds agrémentés de cabrioles, la queue tournant telle une hélice pour leur donner plus de vitesse. C'est à cela qu'on voit combien ils sont heureux et en bonne santé.

Souvent, alors que nous regardons les agneaux s'ébattre comme des alouettes dans le ciel, l'équipe canine suit la Bergère en une lente procession. Pepper les observe d'un air indulgent, à la fois amusé et guère intéressé. Le Grand surveille qu'aucun incident ne se produise, toujours attentif et prêt à intervenir, alors que cet idiot d'Ours traîne derrière avec un air de regret, comme s'il rêvait d'aller s'amuser avec eux.

Les feuilles d'orties offriront un délicieux plat de légumes de saison aux humains. Je ne m'y intéresse guère. Nous autres, les chats, jugeons les légumes fades comparés à un savoureux morceau de poulet ou à une bonne souris bien fraîche. De temps en temps, il m'arrive d'ingérer un haricot vert ou quelques brins d'herbe, que je cueille moi-même, pour soulager et déloger une boule de poils dans mon tube digestif. Une fois les orties cuites, leur pouvoir piquant disparaît, et l'on peut les manger comme des épinards avec une noisette de beurre. La Bergère prétend que c'est délicieux. Cependant, je préfère nettement quand elle les cuisine en soupe, car alors elle utilise le bouillon préparé avec les os du poulet rôti du dimanche. La carcasse passe la nuit à macérer dans le fourneau brûlant de l'Aga, avec des aromates et des morceaux de carottes et d'oignons, emplissant la cuisine d'un merveilleux fumet. Alors, la Bergère récupère le jus et y ajoute les orties fraîchement cueillies et des dés de pommes de terre bouillies. Elle passe le tout dans une machine très bruyante jusqu'à ce que ce soit velouté. Elle ajoute des haricots verts surgelés et mélange l'ensemble en le réchauffant, quelques minutes à peine pour que les haricots craquent sous la dent avec un agréable « pop ». Elle termine par une pincée de muscade râpée et, si elle est vraiment d'humeur sophistiquée, une cuillérée de crème fraîche ou de yaourt au lait de brebis. Elle est intarissable sur les vitamines et les minéraux de sa soupe, et je fais semblant de l'écouter. Mais, en réalité, la seule chose qui m'intéresse, c'est l'odeur de poulet.

La Bergère n'a pas toujours été un cordon-bleu, il faut bien le dire. Bien avant mon arrivée, lors de sa lointaine jeunesse, elle avait décidé de teindre en noir un pantalon blanc. C'était la façon la moins onéreuse de renouveler sa garde-robe. Elle a acheté la teinture et demandé à sa grand-mère quelle casserole utiliser pour faire bouillir l'eau qui aiderait à l'opération. La grand-mère se servait souvent d'une grande marmite pour cuisiner les bas morceaux achetés chez le boucher pour ses chiens. Cette viande était baptisée « abats » et contenait généralement du poumon, des tripes, de la tête de mouton et de la panse de vache. Personnellement, je préfère le foie cru et le cœur que me propose la Bergère et qu'on appelle le « mou ». Sa grand-mère cuisait ce mélange à feu doux, dans l'Aga, toute la nuit. Cela imprégnait la maison d'une odeur bien différente du ragoût ou du rôti. La préparation des mets canins se faisait au minimum deux fois par semaine. Une fois la viande cuite, elle était entreposée dans un garde-manger spécial, juste devant la porte de la cuisine, où elle recevait un petit rayon de soleil et embaumait l'arrière-cuisine. Le garde-manger était composé d'étagères en bois entourées d'un fin grillage de métal ; il était fermé par une porte à loquet. C'est ce que l'on utilisait avant l'invention du réfrigérateur. En réalité, la Bergère me raconte souvent que le premier réfrigérateur de la ferme a été loué et n'était rien de plus qu'une toute petite boîte blanche. Le congélateur s'est avéré un achat bien plus utile pour sa grand-mère, très économe : il lui a permis de stocker des fruits pour les confitures et des légumes, et c'est ainsi que les grands-parents de la Bergère ont pu dîner de produits de leur ferme pendant une plus longue période de l'année. Lors de chaque surproduction, ils conservaient l'aliment soit pour le vendre, soit pour le consommer plus tard.

Mais revenons à la teinture noire pour le pantalon blanc… La grand-mère a autorisé la Bergère à se servir de la marmite des chiens entre deux séances de cuisine. Malheureusement, la Bergère avait l'intention de porter le pantalon teint le soir suivant, et elle a trouvé la marmite encore presque pleine de viande. Il y avait une autre énorme casserole que l'on utilisait afin de préparer des confitures, de faire bouillir un jambon ou une langue pour les humains. La Bergère a songé que ce serait très bien pour l'usage qu'elle voulait en faire, à condition de bien la nettoyer ensuite. Aussi s'est-elle mise au travail pour teindre en noir son pantalon blanc. Elle a placé la grande marmite sur le brûleur le plus chaud de l'Aga et y a fait bouillir le pantalon avec la teinture noire. Ensuite, elle a briqué le chaudron jusqu'à ce qu'il soit bien propre – du moins le croyait-elle – et s'est déclarée très satisfaite de ce travail bien mené. Quelques jours plus tard, sa grand-mère a déposé un jambon dans la marmite afin de le cuire pour le déjeuner. Lorsque le jambon bouilli est ressorti du récipient, il était d'une couleur indigo soutenue, ce qui n'a pas du tout amusé la grand-mère. Le repas s'est déroulé en silence, chacun mâchonnant son jambon bleu. Par chance, il n'y avait pas d'invités ce jour-là ni les suivants, jusqu'à ce que le jambon soit fini.

Avril est, à mon sens, bien plus agaçant à cause des marronniers. Juste avant l'arrivée des feuilles, au printemps, ces arbres laissent échapper une sève gluante qui couvre les bourgeons. Ils se détachent ensuite et tombent sur le sol, où ils semblent prendre plaisir à se coller dans ma jolie fourrure. Je passe des heures à tenter de me débarrasser de ces petits morceaux de végétaux couverts de résine, mais ne parviens qu'à empirer la situation en étalant la substance collante. Mes poils finissent par être si entortillés qu'ils forment des dreadlocks. Je dois alors me résigner à remettre mon sort entre les mains de la Bergère, qui démêle les nœuds et peigne ma fine toison. Elle dit que ça lui rappelle l'époque où elle travaillait pour cette ONG, il y a vingt-six ans, et observait aussi bien des geckos que des lézards grands comme des dragons de Komodo. Personnellement, je ne vois vraiment pas le rapport, mais elle raconte que les reptiles se lèchent le visage et les yeux avec une langue qui paraît collante, mais qui est en réalité très douce.

La Bergère aime narrer l'histoire d'une nuit où elle s'est réveillée pour faire pipi, alors qu'elle était en Malaisie. Comme elle ne trouvait pas sa lampe torche, elle s'est guidée de la main sur les murs de la salle de bains. Elle adore tout particulièrement décrire le trou dans le sol qui leur servait de bac à litière – je me demande bien pourquoi. Mais, ce soir-là, alors qu'elle descendait à tâtons les marches vers les commodités, un gecko lui a sauté à la figure. Il a couru sur son visage avec ses petits pieds froids, qui lui servaient de ventouses, avant de bondir sur le mur d'en face. Par chance, elle n'a pas sursauté, sinon elle aurait sans doute fini dans le trou dégoûtant. Je supporte ce récit et bien d'autres, car ils la divertissent au plus haut point pendant qu'elle me débarrasse de ces nœuds exaspérants dans mon pelage magnifique.

Alors qu'avril touche à sa fin, les fleurs jaillissent et amènent une deuxième explosion de couleurs dans les prés autour de la ferme. Les coucous, encore rares un peu plus tôt, sortent de terre, fiers de leurs feuilles en rosette au bout de longues tiges minces, leurs grappes de clochettes jaunes se balançant dans la brise printanière. La cardamine aux fleurs rose tendre signale le retour de cet irresponsable de coucou, qui rentre de sa migration. Il va de nouveau pondre dans le nid d'un autre oiseau et le contraindre à nourrir le petit intrus. Ce dernier n'hésite pas à pousser hors du nid ses frères adoptifs pour rester le seul de la nichée. Son cri distinctif – « coucou, coucou » – s'entend de loin dans les champs et les haies. Malheureusement, cet appel mélodieux résonne de moins en moins souvent à mesure que l'agriculture moderne prend le dessus : les haies coupées au carré offrent un habitat moins accueillant aux petits oiseaux, dont le coucou envahit volontiers le nid. Les pies trouvent plus facilement les nids et dévorent œufs ou oisillons, et même les jeunes coucous survivent péniblement.

Le pissenlit fleurit à profusion et nourrit une ribambelle d'insectes pollinisateurs affamés. Les myosotis ajoutent une touche de bleu, reprise par les corolles délicates de la véronique, qui égaient le vert frais de l'herbe nouvelle. Les fleurs préférées de la Bergère sont les anémones des bois bleues, qui forment d'abondants tapis de petites étoiles bleutées, chacune ornée d'un bouquet d'étamines blanches. Une mer de bleu violacé s'étale sous les marronniers, devant la fenêtre de la cuisine. C'est un souvenir de la grand-mère de la Bergère, qui adorait ces fleurs et les a plantées elle-même.

Alors que le printemps s'éveille, il apporte, en même temps que sa profusion de fleurs, des parasites qui prennent les agneaux pour cible. Les brebis doivent être ramenées en file indienne dans notre enclos à moutons, accompagnées de leurs agneaux, pour recevoir leur première dose de vermifuge, qui sera d'autant plus nécessaire que le printemps est doux et humide. Certaines années, les agneaux se portent bien et ne requièrent pas de traitement. D'autres fois, si le sol est détrempé, il leur faut au contraire plusieurs doses. Il existe une grande variété de vers, de ceux qui contribuent activement à la composition du sol aux rares qui s'attaquent au système digestif des animaux et à leurs organes internes. Une épidémie de parasites peut très vite se répandre dans un troupeau d'ovins. Si on ne les traite pas, les agneaux risquent de mourir ou de ne jamais retrouver leur énergie vitale. En gros, la survie d'un ver parasite dépend de sa capacité à absorber les vitamines, minéraux et protéines présents dans le bon lait de la brebis. L'herbe fraîche, censée procurer à l'agneau une belle croissance, peut se transformer en danger. Le cycle de vie du ver est redoutablement efficace : les moutons avalent les œufs en même temps que l'herbe qu'ils broutent. Les œufs se développent et éclosent dans les entrailles des animaux, puis pondent des milliers de nouveaux œufs, qui sont déposés dans l'herbe avec les excréments et peuvent être ingérés par une nouvelle bête.

Pour éviter cela, la Bergère et moi parcourons les prés chaque jour et passons dans notre troupeau de brebis et d'agneaux. Alors que nos amis canins se désintéressent de la tâche – ils se précipitent tous derrière un écureuil, un lapin ou un lièvre –, je marche au milieu des moutons. Les agneaux somnolent comme des chats dans des positions que la Bergère juge très inconfortables, leur petite tête tournée selon un angle bizarre. Nous nous assurons que chaque agneau se lève et se déplace. Nous essayons de les réveiller le plus doucement possible pour les examiner. La meilleure façon de savoir si un agneau est bien dans sa peau est de vérifier s'il s'étire longtemps. Ils arquent le cou et le dos comme un chat après une bonne sieste, et dressent la queue en l'air en en remuant l'extrémité.

J'adore ces marches printanières dans les prés avec la Bergère, les vieilles prairies qui reviennent à la vie, les fleurs précoces qui s'épanouissent et nourrissent les premiers insectes pollinisateurs, lesquels bourdonnent alentour, les oiseaux qui chantent et volettent à la recherche de pitance pour leur nichée… On espère que le pire de l'hiver est derrière soi alors que les journées rallongent et que les nuits raccourcissent. Tout au long du mois d'avril, la Bergère guette nos migrateurs annuels, les oiseaux qui viennent réparer, reconstruire ou créer de nouveaux nids dans les granges et les appentis. Nous apprécions le fait que les hirondelles se nourrissent de vermine et d'insectes, qui ont commencé à déranger les moutons tôt le matin et le soir.

Quand nos hirondelles rentrent chez nous, en Irlande, c'est généralement un bon présage. Elles arrivent portées par un front chaud. Souvent épuisées, elles se hâtent de se percher sur des fils électriques, emplissant l'air de leur bavardage surexcité. C'est aussi le moment où la Bergère nous regarde d'un air sévère, Manique, Miss Marley et moi, et nous fait la leçon en agitant l'index. Elle nous interdit d'attraper, de tuer ou de tourmenter nos voyageuses au long cours. Généralement, l'un d'entre nous a du mal à tenir sa promesse lorsqu'une hirondelle fatiguée vole trop bas ou trop lentement. Avec un saut athlétique de notre part, elle ne souffre pas longtemps. Plus tard, lorsque les oisillons sont presque prêts à quitter le nid et se préparent à leur premier envol dans la cour, nous avons du mal à la traverser, car les volatiles ont tendance à plonger pour nous donner des coups de bec.

La nuit, les oiseaux, encore affamés de l'hiver, restent dans leur nid tout neuf pour couver leur première nichée d'œufs. Par chance, ils ne voient pas leurs voisins hermaphrodites, les vers, sortir danser une voluptueuse parade nuptiale. Lorsque le sol est ramolli par la pluie, en passant sur leur royaume de terre arable, j'entends les lombrics se détacher les uns des autres pour rentrer dans leur trou afin que l'on ne leur marche pas dessus. Parfois, quand la Bergère traverse un pré, une lampe torche à la main, pour veiller sur un agneau ou un mouton, son rai de lumière éclaire les vers, vulnérables à la surface. Ce n'est pas la lueur qui les perturbe : ses pas font vibrer le sol et dérangent les lombrics en goguette, qui se réfugient aussitôt dans leurs trous.

À cette époque de l'année, si nous ne l'avons pas déjà fait à l'automne, nous répandons de la poudre de chaux sur les prés qui ont besoin de retrouver un pH neutre (mais je vous en dirai davantage à ce propos plus tard) afin que l'herbe pousse bien. Cette tâche agricole fait partie de celles où l'on passe le plus de temps en préparation et en nettoyage, car l'équipement doit ensuite être parfaitement lavé pour éviter qu'il ne s'oxyde ou ne se grippe. Quand la Bergère s'élance avec le quad dans les prés en tirant l'épandeuse, Pepper adore s'installer derrière elle et guetter, de son poste, lapins et écureuils. Pour ma part, je préfère profiter du moment où la Bergère descend de sa monture pour ouvrir une grille. Je saute alors à bord et m'offre un tour dans la cour. Je partage le plaisir avec Pepper, toujours installé à l'arrière, et moi sur le capot chauffé par le moteur.

En mai, des créatures que nous appelons des « fées » dansent dans la lumière basse des longues soirées, au-dessus de la tête des moutons, sous les branches des mélèzes. Ces insectes aux longues ailes transparentes s'appellent des névroptères, m'a dit la Bergère. Leur arrivée est mon événement préféré du mois de mai, à l'exception de l'éclosion du cerfeuil sauvage, le roi des fleurs, qui s'épanouit dans nos sous-bois et à l'ombre de nos haies. Il culmine loin au-dessus de moi alors que je suis la Bergère dans une forêt de hautes tiges vertes. Une mer de dentelle blanche flotte au-dessus de ma tête dans la lumière changeante qui filtre à travers la canopée. Nos moutons adorent brouter ses feuilles et se délectent de ses pétales parfumés. Ils se frottent contre les tiges pour les briser et se couvrent de jus de cerfeuil. Dans leur sagesse, les moutons procèdent ainsi, car ils ont appris que cette sève repousse naturellement les mouches les plus agaçantes. Ainsi, lorsque l'on mène le troupeau jusqu'à une nouvelle pâture, nos moutons se précipitent sur les parcelles où pousse le cerfeuil sauvage. Ils le grignotent et s'en frottent de la tête aux pieds, jusqu'à ce que seuls quelques chaumes demeurent. Malgré la maltraitance annuelle que lui font subir mes moutons, la plante a des racines si vigoureuses qu'elle revient chaque année, tant qu'une certaine proportion de ses feuilles parvient à emmagasiner sa ration de soleil.

Quand je suis arrivé à Black Sheep Farm, il y a de nombreuses années, je me suis engagé comme apprenti du vieil Oscar, un félin rompu aux usages du monde. Tout ce que je sais, je le tiens d'Oscar. À l'époque, bien avant que je prenne la tête de l'exploitation, il n'y avait pas de moutons dans la ferme de la Bergère. Le territoire était occupé par la faune sauvage ainsi que par une chienne terrier nommée Tassie et deux chattes, Tina et Tabitha. Nos pâtures étaient louées onze mois par an à un fermier. Puis, quand Oscar était adolescent, la Bergère a reçu quelques agneaux orphelins de celui que nous appellerons le fermier bouclé, un gentil voisin qu'elle connaît depuis qu'elle est petite. À ce moment-là, elle n'avait pas les moyens d'acheter du bétail. Elle a construit un enclos à partir de palettes. Au moment de l'agnelage, elle a trouvé de la paille et a emprunté une lampe chauffante. Elle a ramassé des bouteilles en plastique, puis acheté une tétine et du lait de brebis artificiel. Oscar a décidé aussitôt que son premier devoir était de tenir chaud aux agneaux sous la lampe, et le deuxième, de leur lécher la figure après chaque biberon. Il s'occupait avec soin des petits orphelins, surtout quand la lampe était allumée. On m'a raconté que, parfois, les humains n'arrivaient pas à distinguer le chat des agneaux dans ce tas de petits organismes endormis.

Oscar aimait marcher avec les jeunes ruminants. Tant qu'ils ne le dépassaient pas en taille, il posait souvent la queue sur leur dos pour les rassurer lorsqu'ils sortaient pour la première fois de leur abri, sous la houlette de la Bergère. À l'heure des repas, il se couchait parfois sur le flanc pour jouer avec la queue d'un agneau. Cet appendice semble doué d'une vie propre lors de la tétée : il tournoie et se tortille au fur et à mesure que son propriétaire se gave de lait chaud. D'autres fois, Oscar s'installait près de la tête des petits et se penchait pour laper les quelques gouttes qui s'égaraient entre le biberon et leur bouche. Oscar était aussi un aide-jardinier très motivé. Rien ne lui plaisait davantage que la terre fraîchement retournée pour une bonne petite roulade avec frottage de dos. Il s'appliquait ainsi à tenir notre rouge-gorge Jardinier en chef éloigné des vers sous un massif tout juste biné.

Contrairement au mien, le passé d'Oscar n'est pas un mystère. Il est né dans une petite ferme à Curraheenavoher, près de Ballymacarbry, dans la vallée de la Nore, au sein du comté de Waterford, au pied de la chaîne des Comeragh. À peine sevré, il est arrivé à Black Sheep Farm pour apporter du sang neuf afin de réduire une population de rats et de souris en pleine expansion. Les chattes de la ferme, à cette époque, étaient les sœurs Tabitha et Bettina – Tina pour les intimes. Elles formaient la Vieille Garde féline, du temps des grands-parents de la Bergère. Toutes deux coulaient leurs vieux jours avec bonheur. Tabitha était une tigrée bien en chair, qui raffolait des siestes sur les genoux des humains, m'a-t-on raconté. Tina était noire, mince et timide. Elles étaient arrivées dans notre ferme à l'âge de chatons, après avoir été jetées, sur le bord de la route et dans un sac en papier, par un horrible humain. Elles ont été ensuite pourries gâtées par la grand-mère de la Bergère, qui les gavait de thé au lait et de tartines beurrées, coupées en petits morceaux. Aucune des deux chattes n'aimait chasser, à moins qu'une proie leur tombe littéralement dans le bec – ce qui s'est produit un jour, comme la Bergère aime me le raconter, dans l'une de ses histoires qu'elle trouve si amusantes.

Un jour, donc, alors que la Bergère était assise à la fenêtre de la cuisine, Tabitha la dodue paressait et somnolait sous un marronnier comme la chatte âgée qu'elle était. En farfouillant dans les herbes non loin, Tassie, la chienne terrier, a découvert un faisan qui se croyait bien caché. Il s'est levé d'un bond, a contourné l'arbre en courant, puis est tombé en plein sur Tabitha, endormie. Surprise, celle-ci s'est réveillée en sursaut, a tendu les griffes et tué l'oiseau en moins de temps qu'il n'en faut pour le dire. La Bergère est sortie en courant pour regarder de plus près. Elle a vu Tabitha tirer fièrement avec ses pattes avant son gibier par le cou, vers un lieu connu d'elle seule, afin de savourer son festin-surprise, à la façon de sa cousine sauvage : la panthère.

Le chat Oscar, à l'inverse, a été élevé par sa maman avec un régime de souris de ferme bien fraîches, ce qui faisait de lui le candidat parfait pour le poste de « dératiseur » résidant.

Le tempérament calme et sympathique d'Oscar cachait un véritable instinct carnassier. Ce n'était pas un bavard : plutôt du genre fort et taciturne, qui ronronnait avec application dès lors qu'il s'installait sur des genoux humains. Ce que j'aimais le plus faire avec Oscar – à part nous lover ensemble sur le foin de l'étable pour nous réchauffer durant les froides nuits d'hiver – était la chasse aux lapins. C'était l'une de ses activités favorites. Aussi étais-je bien content d'apprendre avec un expert aussi enthousiaste.

Cependant, je dois avouer que, lors de mes débuts à Black Sheep Farm, j'étais un sacré lourdaud. Je n'arrêtais pas de faire capoter des traques en raison de mon impatience incontrôlée. Souvent, je sautais trop tôt. Je ratais ma proie, qui avait alors tout le temps de s'échapper d'un bond puissant en se tordant en l'air. Nombreux ont été les lapins à éviter mon saut prématuré, tout en pattes tendues et griffes sorties.

L'autre grand problème pour nous autres, chasseurs, c'était ma Bergère bien-aimée, elle qui m'avait offert une nouvelle vie si délicieuse et un foyer. Parfois, elle surgissait de nulle part et traversait notre terrain de traque alors que nous rampions en silence vers notre proie. Elle faisait bruisser l'herbe et alertait le lapin, qui se mettait rapidement à l'abri. Nos chasses n'étaient couronnées de succès qu'une fois qu'Oscar et moi lui avions clairement fait comprendre ce que nous faisions. Ensuite, il faut bien le lui accorder, la Bergère restait aussi immobile qu'une statue et nous regardait attentivement chasser. Et le très bon côté, c'est que cela nous a appris à mieux nous connaître, elle et nous.

La chasse commençait souvent lorsque nos humeurs s'accordaient. Nous sortions vers notre endroit préféré, une longue haie dans le pré le plus en hauteur de la propriété, qui contenait de nombreux terriers le long de son extrémité ouest. Oscar jugeait que c'était l'emplacement idéal, car les rayons du matin éclairent en premier les brins d'herbe couverts de givre devant les terriers. Ceux-ci dégèlent alors, et les lapins aiment venir les grignoter.

Le lieu a été baptisé Pré du chargeur à vent, car, autrefois, il accueillait un moulin qui chargeait les énormes batteries fournissant l'électricité de Black Sheep Farm. Quand la Bergère était petite, ses grands-parents et sa mère lui racontaient les Jours anciens, avant et pendant la Seconde Grande Guerre entre humains, aussi connue sous l'appellation de Seconde Guerre mondiale, où l'on éclairait le corps de ferme avec des bougies et des lampes à paraffine. Après la fin de la guerre, ils ont construit un moulin à vent pour produire de l'électricité. C'était assez erratique, en fonction du vent : le moindre changement faisait vaciller les lampes. Cette énergie éolienne a éclairé Black Sheep Farm jusqu'à ce que l'on construise des centrales dans le comté rural de Kilkenny, en 1946. (C'était le début de ce que l'on considère aujourd'hui comme des énergies alternatives. À l'époque, les énergies fossiles étaient trop chères pour les campagnes. C'est la raison pour laquelle les bougies, la paraffine et ces premières éoliennes étaient les sources les plus importantes d'éclairage durant les Jours anciens.) Le moulin a été démoli avant la naissance de la Bergère. Récemment, alors qu'elle débarrassait un vieil appentis, elle a retrouvé la gigantesque hélice, couverte de poussière et de générations de toiles d'araignées, qui avait autrefois tourné dans le vent pour créer de l'électricité.

Mais revenons à la chasse. Oscar et moi nous retrouvions dans la petite cour pavée. Je le suivais par ce que j'appelle notre « passage de grille », entre la grille et le pilier. La barrière elle-même est couverte d'un grillage serré. Nous nous glissions par là, dans l'enclos des œuf-théticiennes, situé dans le Verger à prunes : au printemps, après la floraison des pruniers, le sol est comme saupoudré de pétales d'un blanc rosé. Nous passions ensuite dans le Pré du chargeur à vent, une petite portion de la prairie fermée par une barrière et que l'on utilise pour les moutons ayant besoin d'une surveillance rapprochée. Quand nous longions la bergerie où les brebis mettent bas en hiver et au printemps, et sont tondues pendant l'été, une hirondelle ou deux nous attaquaient en piqué pour nous éloigner de leurs nids.

Nous remontions lentement le Pré du chargeur à vent, nous faufilant entre les massifs d'orties, l'herbe fraîche autour de nos pattes et le trèfle doux sous nos coussinets, évitant les chardons hérissés. Les épines de chardon causent des douleurs très vives, invalidantes même. Aussi, nous les contournions toujours au mieux. Après nous être écartés des hirondelles, nous espérions qu'aucun corvidé – pie, corbeau, freux, choucas, corneille noire ou même grise, avec sa coloration particulière – ne nous repère et ne vienne nous gâcher le plaisir avec son raffut du diable, tout en cris et croassements. Nous devions alors nous arrêter et faire semblant de nous nettoyer les pattes, jusqu'à ce que l'importun aille trouver ailleurs une raison de faire du bruit. Pendant que nous gravissions la colline, les bergeronnettes sautillaient devant nous, à la recherche d'insectes entre les brins d'herbe. Elles se perchaient sur les poteaux et les clôtures, remuant la queue et la tête comme pour dire : « On vous voit, on sait que vous êtes là. Circulez ! On doit poursuivre notre quête de nourriture pour nos oisillons. Allez, circulez ! »

Une fois que nous étions assez loin des endroits abrités où nichent les hirondelles, celles-ci reprenaient leur vol, filant, plongeant et planant pour gober les insectes que notre passage avait délogés de la végétation. Dans les prés, elles ne volaient jamais assez bas ni assez près pour qu'on puisse en attraper une guise de quatre-heures. Les seules fois où nous arrivions à nous saisir d'une hirondelle, c'était au printemps, lorsqu'elles rentraient épuisées de leur longue migration vers le nord, depuis l'Afrique du Sud.

Il nous fallait de la chance pour passer devant tous les systèmes d'alarme des autres espèces et parvenir juste au sommet de la colline du Chargeur à vent. Ici, nous nous arrêtions, Oscar et moi, le corps baissé et les oreilles aplaties afin que leur extrémité triangulaire ne casse pas la ligne d'horizon en signalant notre présence. Avec force précautions, nous passions la tête vers l'autre versant pour observer le pré qui descendait. Nous restions figés comme des pierres, notre présence trahie seulement par un petit battement de queue caractéristique. Nous observions quelques lapins occupés à manger de l'herbe le long de la haie – par chance, il n'y avait pas un lièvre roux en vue. Les lièvres sont bien plus méfiants et attentifs à nos intentions que leurs cousins, les lapins.

Au début de notre relation de chasse, je trouvais fastidieux et ennuyeux d'attendre le moment opportun pour me lancer. Parfois, je m'asseyais tout droit, et lorsque mes oreilles apparaissaient, bien visibles au-dessus de l'horizon herbeux de la colline, les lapins prenaient peur et détalaient. Oscar était très mécontent de mon comportement impatient. Il me clouait d'un regard sévère.

Alors que nous restions accroupis à guetter les lapins qui festoyaient de l'herbe de nos moutons, nous croisions les griffes pour qu'aucune buse affamée ne passe au-dessus de nos têtes et n'aperçoive le lapin de notre choix avant que nous n'ayons pu l'attraper nous-mêmes. Chaque fois que nous avions repéré notre future proie, nous nous séparions afin de la prendre en tenaille. Le plus souvent, Oscar s'élançait à vive allure, au ras du sol, en un grand cercle, pour contourner le rongeur. Une fois en position, il visait l'animal, agitait la queue pour me faire signe, et commençait son approche, les oreilles aplaties, un pas prudent à la fois. Sous l'effet de l'excitation, l'extrémité de sa queue battait la mesure. Je commençais à avancer à sa rencontre, avec la même vigilance que lui, choisissant chaque pas avec soin. Délicatement, je posais une patte après l'autre pour progresser centimètre par centimètre. L'allure était si indolente que le temps semblait s'étirer, de plus en plus lent et long. Si le vent soufflait dans la bonne direction et qu'aucun oiseau ne lançait de cri d'alerte, nous pouvions avancer vers l'hallali.

Au début, quand je n'avais pas encore bien appris ma leçon, j'étais toujours celui qui surgissait le premier. Je me redressais et sautais comme un élastique trop tendu. Je franchissais la distance qui me séparait du lapin. Il bondissait, se tordait en l'air pour m'échapper et, le plus souvent, se précipitait vers Oscar, resté caché dans les hautes herbes. À son tour, mon complice jaillissait, toutes griffes dehors, et mettait le lapin à mort, exactement comme notre cousin le lion, qui vit dans les vastes plaines d'Afrique. Nous festoyions ensuite de la délicieuse chair du lapin et, pendant les jours suivants, nous nous sentions gros et paresseux.

Oscar me manque terriblement. Mais j'ai fini par réussir à prendre le coup de patte. Cela dit, je ne peux traquer les lapins qu'au printemps, quand ils sont jeunes et écervelés. Je n'ai pas encore réussi à dresser Miss Marley ou Manique pour qu'ils chassent avec la même intelligence et le même degré de coopération que ce bon vieil Oscar, mais il m'arrive de chasser seul. Je dois bien admettre que cela comporte quelques avantages…

# 3

## Des chevaux, des chevaux, et encore des chevaux

Je n'ai pas assez de mots pour vous dire à quel point la Bergère aime les chevaux, et ce, depuis ses premiers séjours d'enfant à Black Sheep Farm, en passant par la ferme équestre de ses cousins dans le Maryland. Élève, elle fuyait le harcèlement dont elle était victime en se réfugiant dans le travail au sein d'un centre hippique voisin. Elle y nettoyait les box et donnait des leçons aux débutants. En échange, elle avait le droit de monter gratuitement. Plus tard, alors qu'elle était étudiante dans un lycée agricole américain, elle a travaillé avec des chevaux de trait dans le Vermont : elle débourrait et dressait des morgan, une race américaine très populaire, dans la campagne de l'État de New York. Elle a ensuite pratiqué l'équitation dans la chaîne des Blue Ridge Mountains, en Virginie, qui ressemble étonnamment aux monts Blackstairs, que l'on peut voir depuis les prés les plus élevés de notre ferme. Soigner et monter les chevaux a été l'occasion de développer et d'affiner sa capacité à lire le langage non verbal qui permet de communiquer d'une espèce à l'autre, aussi bien au sein d'un troupeau qu'entre proies et prédateurs.

Tous les animaux communiquent entre membres d'une même espèce avec un mode d'expression qui leur est propre. Mais grâce à notre langage corporel, nous pouvons échanger entre différentes espèces. Autrefois, les humains avaient sans doute tous la capacité de décrypter le langage non verbal des animaux afin de survivre, mais ils ont perdu ce savoir au fur et à mesure de leur éloignement de la nature. Je sais que la Bergère a une compréhension instinctive de notre langage, et elle fait des miracles avec les chevaux. En Amérique, alors qu'elle développait ses talents animaliers, elle est devenue experte dans l'éducation de chevaux difficiles. Calme, elle créait une relation avec l'équidé pour le motiver – et non le contraindre – à obéir, et elle décelait le moment où l'inciter tout en douceur à repousser ses limites. Elle m'a raconté qu'il lui arrivait d'être si concentrée lorsqu'elle montait un jeune cheval qu'elle en oubliait sa propre personne.

Quand je suis arrivé à Black Sheep Farm, il y avait à la ferme une jument du nom de Major Beth. Elle était grise, mélange de poney connemara et de pur-sang. Elle était assez grande : un mètre cinquante-sept. (Au cas où vous ne le sauriez pas, la taille d'un cheval se mesure du haut des sabots antérieurs jusqu'au garrot, c'est-à-dire la base du cou.) Major Beth a été le premier cheval dont la Bergère était officiellement propriétaire. Auparavant, elle avait emprunté des montures ou les avait prises en demi-pension.

En dernier – par chronologie et non par importance, et de loin ! – arrive Marco Polo, le poney noir que j'ai aussi rencontré lors de mon arrivée. Comme moi, il a vécu une fascinante histoire de sauvetage qui a profondément amélioré sa vie. Bien sûr, nous sommes nombreux à la ferme à avoir échappé au pire grâce à la Bergère. Même quand elle était loin, dans l'agitation de New York pendant les années 1980, à apprendre les ficelles du théâtre, ou plus tard à Londres, elle était attirée par les animaux. À Londres, elle faisait régulièrement travailler un magnifique hongre bai pur-sang, qui vivait dans une ferme pédagogique de Camden. Le seul inconvénient de cet arrangement était qu'elle devait monter avant 6 h 30 pour éviter l'heure de pointe, où la circulation n'aurait pas permis aux chevaux d'emprunter les rues. La Bergère se levait à 4 heures et se rendait à pied à la ferme, depuis son appartement de South Hill Park, en traversant Hampstead Heath. Après avoir ouvert la grille de la ferme, elle sellait le cheval et l'enfourchait pour une promenade dans les rues silencieuses de la capitale, en repartant vers Hampstead Heath.

L'une de ses balades les plus mémorables, m'a-t-elle conté, s'est déroulée lors d'un matin d'automne froid et brumeux. Alors qu'elle s'éloignait des grilles de la ferme, les sabots résonnaient de façon assourdie dans les rues emplies d'un brouillard qui tourbillonnait tout autour d'eux et au-dessus de leurs têtes, comme s'ils traversaient un flot de liquide. Les feux de circulation luisaient faiblement à travers la brume argentée et ne s'éclaircissaient que lorsqu'elle s'approchait. Les rares automobilistes déjà en route à cette heure avançaient avec lenteur et prudence.

En arrivant à Hampstead Heath, le cheval et sa cavalière ont pénétré dans un paysage de conte de fées : les arbres de la lande, que l'automne avait parés de rouge et d'or, bordés de vert fané et de brun sombre, étaient voilés par un linceul de brume. Ils avançaient dans l'obscurité immobile du parc à un trot vif et n'ont pas tardé à entendre, au loin, le mugissement d'une cornemuse. Alors qu'ils parvenaient à l'endroit où ils prenaient toujours le galop, vers le centre du parc, la Bergère a serré comme d'habitude les jambes pour pousser sa monture. Ils ont gravi la colline à toute allure, les sabots sonnant toujours faiblement sur la terre battue du sentier, l'humidité s'enroulant toujours autour d'eux. Tous deux vivifiés par la vitesse, le grand air et la montée, ils sont entrés dans un bosquet assombri. La musique distante de la cornemuse s'est amplifiée, et ils ont ralenti jusqu'à un galop rassemblé. Soudain, ils sont sortis du bois pour déboucher dans une petite clairière, toujours environnés de tourbillons de brouillard. Ils ont pris par surprise le joueur de cornemuse. De toute évidence, il avait choisi cette clairière au cœur d'une forêt pour travailler son instrument le plus loin possible des Londoniens endormis. Le cheval berçait doucement la cavalière d'avant en arrière en caracolant très lentement au pas rassemblé. On aurait cru qu'il dansait au rythme de la marche jouée à la cornemuse, et attendait un air martial pour charger d'invisibles ennemis, cachés derrière les arbres embrumés de la clairière. Le musicien a continué à souffler dans ses tuyaux et a incliné la tête pour saluer un moment unique de partage avec l'animal et sa cavalière. Il n'avait sans doute pas entendu le galop des sabots, masqué par le son de son instrument. Alors que la Bergère repartait vers la ferme pédagogique, elle se sentait exubérante, rechargée par son exceptionnelle aventure matinale. L'intensité de l'événement l'a portée encore pendant les mois qui ont suivi.

Mais revenons-en à Marco Polo. La Bergère avait fait savoir qu'elle recherchait un camarade pour Major Beth. Un ami l'a contactée pour lui annoncer qu'il avait peut-être le compagnon idéal, un joli poney noir de la race des welsh mountains. Le seul problème était que l'animal n'était pas castré. Quelques semaines plus tôt, notre sauveur de poneys, un fermier qui habitait au bord d'une route peu fréquentée – et dont nous préserverons l'anonymat en l'appelant le Gentil Monsieur –, l'avait remarqué, tout petit et affamé, errant par les chemins d'un air las et broutant haies et bordures. Un jour, alors qu'il passait devant l'endroit où grignotait habituellement le poney, il a vu un groupe d'hommes qui tentaient de l'attraper. Ils ont essayé de l'acculer, mais il s'est enfui d'un galop rapide, baissant la tête pour éviter le lasso. Il ruait et agitait la queue. Notre Gentil Monsieur trouvait la scène amusante et espérait secrètement que le minuscule poney poursuivrait sa fuite, car il avait reconnu la tenue de travail de ces hommes. L'abattoir au bout de la route, juste après le tournant sur le flanc de la colline, recevait des chevaux de toute la campagne d'alentour et les transformait en pâtée pour chiens.

Le jour suivant, le petit poney noir, toujours en cavale, a avalé autant d'herbe sur le bord de la route qu'il le pouvait avant qu'on essaie de nouveau de le capturer. Mais à présent, il broutait tout près de la ferme du Gentil Monsieur. Aussi le fermier s'est-il avancé sur la route, a-t-il ouvert la grille de ses prés et agité le seau de nourriture, dont la magie ne manque jamais d'opérer. Il a ainsi convaincu le poney d'entrer dans l'un de ses enclos. En examinant l'animal de plus près, il a découvert que ce petit bonhomme avait de grandes plaies à vif sur l'encolure. On aurait dit qu'il avait été attaché avec une corde si serrée qu'elle avait fini par lui déchirer la peau et les muscles. Aujourd'hui encore, on peut savoir où se trouvaient ces blessures, car les poils ont repoussé blancs, et non pas noirs. Et si vous passez la patte à cet endroit, vous pouvez sentir un creux marqué par une cicatrice rigide, là où la corde mordait la chair.

Ce Gentil Monsieur était non seulement un fermier, mais aussi un expert en chevaux et un éleveur réputé de connemaras. Il a estimé que le petit poney noir était un étalon welsh mountain pure race. Peut-être avait-il été volé à un éleveur en Angleterre ou au pays de Galles – dont la race est originaire –, puis amené en Irlande pour être vendu comme monture pour des enfants ? Le poney était sans doute trop vif pour un jeune cavalier, et ses propriétaires l'avaient peut-être affamé pour le dompter. Le Gentil Monsieur se disait que le poney ne s'était peut-être jamais suffisamment calmé, et que son maître avait alors décidé de le vendre à l'abattoir pour en tirer un peu d'argent. Par chance, notre petit malin s'était échappé.

Lorsque la Bergère s'est rendue à la ferme de son ami pour voir comment le poney s'en sortait, ses blessures étaient presque guéries. Elle est tombée aussitôt amoureuse de lui. Il avait une robe luisante, une crinière noire et une queue de la même teinte en panache, une tache blanche et large sur le front, mince sur son museau noir tout doux, quelques autres, plus petites, autour des sabots, et des bandes blanches sur l'encolure, à l'emplacement des cicatrices. Il est devenu tout de suite un merveilleux compagnon pour Major Beth. Même quand la Bergère s'éloignait sur le dos de sa jument, Marco Polo ne se plaignait pas qu'on l'abandonne.

Alors que les filaments du temps s'entrecroisaient, la Bergère a découvert de nouveaux fils ténus pour broder la trame de l'histoire de Marco Polo. Il détestait les jeunes garçons humains. Elle en a aussitôt déduit qu'il avait été battu par des garçons qui tentaient de le soumettre pour le monter. Plus tard, elle a amené Marco Polo chez un homme qui dressait les chevaux pour l'attelage afin de voir s'il pourrait tirer une carriole. Marco Polo s'est jeté dans cette activité comme un chat sur une couverture de laine par une journée froide et humide. L'homme a déclaré qu'il avait dû être naguère très bien dressé pour l'attelage. Il suffisait d'un claquement de langue pour le faire avancer, et d'un léger contact sur les rênes pour le diriger. Il tournait à la perfection, croisant les membres sans difficulté.

Marco Polo et la Bergère sont devenus une équipe de choc. Elle le conduisait sur les routes locales, et il participait à des compétitions d'attelage, où il a gagné de nombreux prix. Ensemble, ils ont joué dans des films et ont été les modèles pour des classes d'art. Une fois, le duo a trotté dix kilomètres, de la ferme jusqu'à Thomastown, où ils sont entrés au *Carroll's Pub*. Elle l'a dételé et fait pénétrer dans le bar. Les sabots ferrés de Marco Polo résonnaient sur les jolies dalles du couloir en pierre calcaire. Deux clients, en pleine conversation, se sont brusquement tus. Quand Marco Polo et la Bergère ont surgi dans la salle, les deux hommes ont poussé un soupir de soulagement. L'un d'eux s'est écrié : « Merci, mon Dieu ! J'ai cru que j'avais trop bu et que je délirais. J'suis bien content que ce soit un vrai cheval, et pas le diable qui me joue des tours. » Ils ont éclaté de rire.

Marco Polo et la Bergère se sont rendus dans un autre établissement de Thomastown, le *Bridge Brook Arms*, pour clôturer une parfaite journée de balade hivernale. À l'arrière de ce pub, peint en blanc et orné de volets noirs, se trouvait un espace extérieur pour les fumeurs, avec un velum et une cheminée comme protection contre les frimas. Un groupe d'amis était rassemblé près de l'âtre, bavardant gaiement dans la chaude lueur du foyer. L'un d'eux a apporté à Marco Polo un sac de carottes, qu'il a grignotées en silence. Un autre lui a donné une pinte de Guinness. Puis est arrivé un nouveau visiteur, qui est venu se joindre à la conversation animée. Il est passé à côté de Marco Polo, s'est arrêté près de son encolure et lui a posé machinalement la main sur le garrot. Tout en bavardant et en riant avec la compagnie, il s'est mis à le caresser. Marco Polo se tenait toujours bien lorsqu'on le touchait à condition que la Bergère soit tout près de lui. Pourtant, comme toujours lorsqu'il restait longtemps debout, il a fini par se pencher pour se gratter le genou. Pâle comme un linge, l'homme a sursauté en hurlant :

— C'est quoi, ce bordel ?

Il n'avait pas vu Marco Polo. Un autre a répondu :

— Ce bon gros poney était là depuis le début et tu n'avais rien remarqué !

Les années ont passé et la Bergère a acheté Silver, une jument de trait irlandaise. Major Beth et elle ont donné toutes deux naissance à de jolis poulains, que la Bergère a vendus à de bons propriétaires qu'elle connaissait. Cela a accru le maigre revenu de notre ferme. Elle aimait la période du poulinage, et moi aussi, car cela amenait beaucoup plus de compagnie dans l'étable. J'aidais à la mise bas, bien que je la trouve un peu plus compliquée qu'avec les brebis, car la jument et le poulain sont nettement plus grands. Comme avec les brebis, au moment des pauses dans le travail, je levais le museau pour aller ramper en silence vers les ballots tout proches et occire une souris ou un rat.

Les mises bas de Major Beth me rappellent l'époque où la Bergère fumait. Cela vous semble peut-être une digression, mais il y a bien un lien. La Bergère a commencé à fumer au début de la vingtaine, quand elle était modèle, actrice et employée dans les coulisses de différents théâtres, ainsi que barmaid à New York. Entourée de fumeurs, elle s'est mise elle aussi à la cigarette pour passer le temps avec ses amis. Des années plus tard, elle est devenue experte pour rouler ses cigarettes d'une main tout en tenant les rênes de l'autre lors de ses longues randonnées à cheval dans les Blue Ridge Mountains de Virginie. La Bergère était très fière de ce talent bizarre, bien que ses jambières d'équitation en cuir soient couvertes de petites taches grises ou noires. Elle ne jetait jamais de cendres encore vives dans la forêt de crainte de déclencher un incendie pendant les mois d'été, chauds et secs. Pour éviter que les cendres brûlantes tombent par terre, elle passait le bout de sa cigarette sur le haut de sa jambière. Puis elle éteignait son mégot, toujours sur le cuir de son équipement.

Pendant des années, elle a arrêté avant de reprendre le tabac. Un jour, elle a pris conscience des sommes qui partaient ainsi en fumée et a décidé que cela suffisait. Cette année-là, la Bergère avait trois juments prêtes à pouliner : Silver, Major Beth et une nouvelle bête qu'elle avait achetée gestante. Elle savait qu'elle dormirait très peu et ne pourrait pas fumer pour adoucir la mauvaise humeur liée au manque de sommeil. Aussi, trois mois avant le poulinage, elle a acheté un paquet de cigarettes qu'elle a ouvert pour être certaine qu'elles soient éventées et désagréables à fumer lorsque viendrait le moment. Puis elle a investi dans de petites bouteilles de jus de fruits et de légumes : comme ça, en cas de manque, elle avalerait une bonne rasade d'un bon jus sain et équilibré.

Pour ma part, j'y ai goûté une fois et j'ai trouvé ça dégoûtant. J'imagine que le fait d'être strictement carnivore m'empêche d'apprécier ce genre de cocktails. Mais la Bergère appréciait tellement ses petites consolations naturelles, qui marchaient si bien, qu'Oscar et moi n'avons plus jamais eu la fourrure imprégnée de tabac froid. Cela nous a rendus bien plus efficaces à la chasse. Lorsque nous empestions la cigarette, notre fumet âcre faisait fuir les lapins dès que le vent changeait de direction : la puanteur leur laissait croire qu'un humain approchait.

Major Beth a eu son premier poulain en mai, l'année où la Bergère a arrêté de fumer. C'était une pouliche baie, la première naissance équine à Black Sheep Farm du temps de la Bergère.

Les deux premiers jours de leur vie, les poulains ne sont pas stables du tout, avant qu'ils comprennent comment fonctionnent leurs jambes. Ils passent beaucoup de temps à dormir. Ils tètent et restent collés à leur mère. Le troisième jour, ils commencent à appréhender l'existence et se mettent à galoper, mais ils ont encore un gros problème : ils ne savent pas où est le frein. Leurs longues jambes maigrelettes les emportent vers l'avant à toute allure, jusqu'à ce qu'ils décident de s'arrêter, utilisant le frein avant et tombant pêle-mêle sur le nez. Ils désentortillent leurs jambes, se relèvent un peu perplexes et repartent en courant. Cette fois, ils utilisent le frein arrière et choient sur les fesses, l'air honteux et surpris. Ils se redressent à nouveau, secouent la queue avec énergie, puis s'éloignent en trottinant comme si de rien n'était.

Au troisième jour de vie de la première pouliche de Major Beth, la Bergère est sortie voir comment se portait le bébé. Mais en entrant dans l'enclos aux murs de pierre, elle n'a vu que Major Beth, qui trottait en poussant des grognements inquiets. De la pouliche, nulle trace. Où avait-elle bien pu passer ? L'enclos était tout petit, un demi-acre. Les murs de trois côtés faisaient bien cinq mètres de haut, et la grille, plus d'un mètre, sans espace sous lequel le jeune animal aurait pu rouler sans le vouloir. Sur le quatrième côté, la clôture n'avait pas de trou. La Bergère a commencé à longer le mur, pensant que la petite était sans doute nichée dans un creux du terrain et que sa mère l'avait perdue de vue. Elle s'est approchée d'un vieux réservoir en ciment, rempli par un aquifère situé de l'autre côté du mur. En avançant, elle a aperçu une paire d'oreilles qui dépassait à peine du muret. Elle s'est précipitée et a découvert la pouliche épuisée, entièrement plongée dans l'eau à l'exception de la tête, qu'elle maintenait vaille que vaille au-dessus de la surface, les narines plissées pour éviter que le liquide n'y entre. Elle était encore en vie, mais tout juste.

Avec une force surhumaine, la Bergère l'a sortie du réservoir. Elle a enlevé le pull qu'elle portait en ce jour de mai très frais et a frictionné vigoureusement l'animal frissonnant. Elle a mis un doigt dans sa bouche et a compris, horrifiée, qu'elle était glacée, signe que la petite était en état de choc et d'hypothermie. Major Beth, sans cesser de grogner, donnait de petits coups de museau à son bébé, lui mordillait les oreilles et la poussait du bout des sabots pour l'inciter à se lever. Dès que Major Beth et la Bergère ont réussi à la faire tenir debout, la jument d'un côté et l'humaine de l'autre, la Bergère a entraîné la pouliche tremblante en la portant presque jusqu'à l'écurie pleine de paille, à l'abri du vent froid de ce début mai.

Quand elle a osé cesser, pendant cinq minutes, de la frotter, la Bergère a couru jusque dans la maison pour appeler le vétérinaire. (À l'époque, presque personne n'avait de portable.) J'ai monté la garde sur le rebord de fenêtre de l'écurie, tout en donnant de temps à autre un conseil à la Bergère, qui s'employait de toutes ses forces à réchauffer la pouliche. Dans la nuit, une fois l'animal tiré d'affaire avec l'aide du vétérinaire, la Bergère a décidé de lui donner le nom irlandais d'Uisce, qui signifie « eau ». Elle l'a écrit phonétiquement, « Ishka », afin que ceux qui ne parlent pas l'irlandais puissent le prononcer sans se tromper.

Ishka s'est rétablie complètement. Elle vit toujours à Black Sheep Farm. Elle est devenue maman à son tour, il y a quelque temps, d'une jolie jument baptisée Sauterelle. À notre grande tristesse, quelques années après la naissance d'Ishka, Major Beth a contracté un cancer et a dû être euthanasiée. Deux ans plus tard, Silver endurait des douleurs si atroces à cause de son arthrite qu'il a fallu aussi abréger ses souffrances. À présent, il n'y a donc plus que trois chevaux à la ferme : la belle Ishka, sa charmante fille Sauterelle et le toujours magnifique Marco Polo. Ah oui, et le réservoir est maintenant équipé d'un couvercle qui l'obstrue presque entièrement, avec juste un interstice qui permet aux animaux de s'abreuver. Ainsi ce genre d'accident ne risque-t-il plus de se produire.

PARTIE II

# ÉTÉ

# 4

## Juin dans le foin

Au début de l'été, les gens viennent acheter nos agneaux que les brebis ont sevrés. La Bergère et moi, nous parcourons alors les prés pour évaluer ces petits afin de voir comment ils grandissent et estimer quand ils seront prêts à partir pour une nouvelle maison. Nous amenons le troupeau dans la cour, où elle procède au tri : elle classe d'un côté les agneaux sevrés, qui rejoindront d'autres élevages, et de l'autre ceux ayant été castrés, qui iront dans de petites exploitations. (On castre certains agneaux mâles qui sont destinés à la boucherie lorsqu'ils ont presque atteint leur taille adulte.) Les zwartbles ont la particularité d'avoir une croissance plus lente que les autres espèces. Il leur faut de huit à dix mois afin d'être prêts pour l'abattage. Les races commerciales, destinées uniquement à la boucherie, grandissent beaucoup plus vite. On peut compter leur nombre d'années comme avec les chats. Donc, en comparaison, les agneaux castrés que nous vendons ont l'équivalent de dix-huit ans pour un humain.

Cette correspondance fluctue selon les variétés de moutons – il en va de même chez les chiens : la longévité diffère entre races de grande taille et de petite taille. Bien sûr, tout le monde sait qu'une écrasante majorité de chats vivent plus longtemps que les chiens. On pourrait citer Philip Stanhope : « Un roman doit être exceptionnel pour espérer avoir la longévité moyenne d'un chat. » Mais je préfère croire qu'il fait référence à une très mauvaise version de Guerre et Paix, ou au Mahabharata, équivalent hindou de la Bible.

Lorsque le soleil atteint son zénith, en juin, dans l'hémisphère Nord, il se transforme en une fournaise qui pourrait bien liquéfier les meilleurs d'entre nous. Je poursuis toutefois mes tâches habituelles. Pour commencer, avant que la chaleur devienne insupportable, j'effectue mes rondes matinales : je compte les pattes et je divise par quatre. Ensuite, après le petit déjeuner, je me rends parfois directement dans le jardin pour trouver un agréable coin à l'ombre d'un buis, d'un arbuste ou de hautes euphorbes. J'apprécie les endroits qui viennent d'être désherbés ou binés, car la terre retournée est particulièrement fraîche. Je somnole en écoutant les insectes pollinisateurs bourdonner dans une recrudescence de productivité.

Un matin du mois de mai, j'étais à ma place habituelle, et la Bergère venait de passer tout près. Elle m'avait salué avant de continuer son chemin pour aller voir les agneaux et les brebis. Peu à peu, le soleil réchauffait le sol autour de moi. J'ai pris soudain conscience que quelque chose sous mon corps me chatouillait. Je me suis roulé par terre pour remettre ma fourrure en place. En appuyant de nouveau la tête sur le sol, j'ai entendu un bruit ténu, comme si l'on creusait près de mon oreille. Je me suis tourné pour observer, et j'ai vu un minuscule tas de terre s'élever progressivement. Je me suis redressé, prêt à bondir s'il s'agissait d'une souris, d'une musaraigne ou d'un campagnol. Mais que nenni ! Une minuscule tête noire dotée de remuantes antennes est apparue, poussant la terre sèche. Une petite abeille a émergé, couverte d'une fourrure dont le roux n'était pas sans rappeler celui du renard. Elle pelletait la terre avec application. J'avais, sans le vouloir, bloqué l'accès à son nid. Je me suis levé pour examiner de plus près le sol tout autour, et j'ai remarqué de nombreux petits tas semblables. Sous mes yeux, d'autres petites têtes sont sorties sous le soleil matinal, suivies de petits corps duveteux. Ç'a été la fin de mes siestes à cet endroit. C'était une découverte très enrichissante pour moi de constater que certaines espèces d'abeilles vivent dans des terriers souterrains, alors que d'autres forment des ruches collectives. J'ai appris, par la suite, que ces insectes fouisseurs sont appelés *Andrena fulva*, et que l'on croyait l'espèce éteinte jusqu'à ce que la Bergère informe Biodiversity Ireland que nous en avions tout un bataillon qui jaillissait du sol. La nature ne cessera jamais de me surprendre !

La Bergère et moi, nous étudions avec attention les prévisions météo. Si nous estimons qu'il ne va pas pleuvoir, nous décidons que c'est le bon moment pour faire les foins. De belles herbes bien longues avec des épis dodus, du trèfle, des vesces et des plantes sauvages : tout cela doit être tondu. Dans l'idéal, il faut dix jours de soleil pour avoir le temps de préparer le foin. Une fois l'herbe coupée, elle doit reposer une ou deux journées, puis être retournée avec une faneuse – un engin effrayant muni de cornes menaçantes qui tournent – afin de sécher.

Nous espérons une bonne récolte de fourrage. Plus vite nous fauchons les herbes et leurs épis gonflés, plus vite elles sèchent et se transforment en un foin délicieux et bourré de protéines. Un bon apport en protéines est important pour les moutons, qui se régaleront et resteront en bonne santé pendant les mois d'hiver.

Lorsque la Bergère nous chasse, nous autres chats, de la cuisine, je trouve l'odeur estivale du foin merveilleuse. Elle est si agréablement relaxante que je dors à pattes fermées. Je rêve même des rongeurs que je voudrais attraper au réveil. Plus encore, il n'existe rien comme la chaleur du foin, qui nous apporte un immense réconfort, à tous les trois, lorsqu'il fait froid dehors.

Je reste à distance respectueuse des engins lors du fauchage. Ensuite, j'accompagne la Bergère dans l'herbe fraîchement coupée. Elle traque la moindre pousse d'ambroisie ou de chardon qui lui aurait échappé à l'étape précédente. L'ambroisie est un véritable poison pour les chevaux et le bétail. Les chardons, pour leur part, peuvent transpercer les gants de la Bergère et lui blesser les mains lorsqu'elle défait un ballot de foin.

Je recherche toujours avec application les victimes animales des dangereuses lames de la moissonneuse. Pepper, Le Grand, Ours et les œuf-théticiennes aiment tous trouver une souris ou un campagnol, et l'avaler tout rond ou par petits bouts. Aussi fouillons-nous ensemble l'herbe coupée en quête de friandises. La Bergère trouve très amusant de nous voir courir ventre à terre pour être servis en premier lorsqu'un rongeur est découvert.

En fin d'après-midi, le deuxième jour, on fane le foin pour la première fois ; il est secoué pour améliorer l'évaporation. Grâce à la machine, l'herbe qui était en dessous se retrouve sur le dessus du tas. Le soleil du lendemain continuera à absorber l'humidité de la végétation coupée, qui peu à peu se transforme en foin. L'opération doit être renouvelée pendant plusieurs jours, jusqu'à ce que l'herbe ne semble plus fraîche au toucher, mais soit devenue tiède et sèche.

Ensuite, l'herbe est ratissée en andains, qui permettent une dernière phase de séchage alors que le vent caresse les longs sillons de végétation. Plus tard, le foin sera soulevé par une ramasseuse-presse, qui le rassemblera en ballots serrés, enveloppés d'un filet et déposés dans le champ. Les ballots doivent rester sur place quelques jours afin de se stabiliser et d'éviter une surchauffe. La Bergère et moi, nous prions pour que la pluie ne vienne pas les détremper. Nous faisons nos bottes si denses qu'elles exsudent encore un peu d'eau.

Enfin, lorsqu'elles ont mûri comme un bon vin, elles peuvent être mises à l'abri afin de rester au sec et de nourrir notre bétail tout l'hiver.

Aider à rentrer le foin est mon activité préférée. Alors que chaque botte est disposée sur notre machine, j'aime m'étaler dans l'ombre fraîche. Aussitôt que j'entends le moteur du quad, je saute sur les genoux de la Bergère pour notre balade vers l'appentis où sera stocké le fourrage. J'adore la sensation du vent dans ma fourrure. En arrivant à l'appentis, je quitte le giron de la Bergère pour m'installer sur un ballot déjà rangé. Je regarde avec admiration la Bergère faire demi-tour avec le quad et sa remorque afin d'entrer en marche arrière dans l'édifice pour y déposer une nouvelle botte. Lorsqu'elle est prête à repartir chercher un nouveau chargement, elle m'appelle et je rapplique plus ou moins vite vers le quad afin de profiter d'une autre balade dans les champs.

On a parfois très chaud pendant le dur labeur de la moisson, et il m'arrive d'envier les moutons, qui ont la chance d'être tondus. Eux peuvent sentir une rafraîchissante brise estivale sur leur peau, une fois qu'elle a été débarrassée de son épaisse toison de laine. Parfois, c'est difficile de supporter la nature et les changements de saison, car je dois attendre que l'été batte son plein pour enfin perdre mes longs poils d'hiver et me sentir à l'aise. Je porte en permanence trois épaisseurs, comme un humain. La première couche est constituée d'une fourrure fine comme de la soie, à même la peau. Certains vont même jusqu'à la comparer à de délicats dessous de satin ! Ce sous-poil me couvre l'ensemble du corps. La couche du milieu, ou pelage intermédiaire, est l'équivalent du jean et du t-shirt que revêt la Bergère en été, mais elle s'épaissit en un confortable pull de laine à l'approche de l'hiver. Pour finir, mes poils de couverture sont bien différents des deux couches plus fines en dessous, et me servent d'imperméable en éloignant efficacement l'eau des deux autres épaisseurs. Ainsi, je peux sans problème me promener dans les champs avec la Bergère, même quand le ciel nous arrose de pluie, de neige fondue ou de flocons, qui se contentent de glisser sur moi. Je n'ai qu'à m'ébrouer de temps à autre pour me débarrasser de l'excès d'humidité et regonfler ma fourrure. Je reste aussi sec qu'un vieil abricot et bien au chaud sous mes trois couches de vêtements… aussi longtemps qu'un vent fort ou une main humaine ne vient pas me rebrousser les poils : dans ce cas, la bise peut me mordre la peau, me laissant glacé et mouillé.

Nos magnifiques moutons zwartbles adoptent eux aussi le système dit « de l'oignon » avec leurs nombreuses couches. Sur la tête et les jambes, ils possèdent de simples poils courts. Sur le reste du corps se trouvent deux autres épaisseurs : l'une, intermédiaire, courte et cassante, composée de fibres creuses ; l'autre, extérieure, constituée de véritable laine. Comme chez la plupart des mammifères, le poil intermédiaire tombe lorsque cessent les vents glacés de l'hiver. Même s'ils ressemblent fort à ceux qui seront lavés, cardés et filés, ces poils ne pourraient en réalité pas être soumis à tous ces traitements : ils manquent d'élasticité et de frisures, deux éléments essentiels au travail de la laine. Les fibres extérieures ont des qualités qui leur permettent d'être feutrées ou, au contraire, filées afin d'être tissées en chauds vêtements pour les humains. C'est ce que l'on appelle à proprement parler la laine, l'une des premières fibres à avoir été utilisées pour l'habillement depuis des millénaires. Avant que les humains apprennent à la travailler, ils la portaient sous forme de fourrure, en dépeçant les animaux qu'ils tuaient pour se nourrir.

Ce qui distingue cette laine des poils des humains, ou même des chats, c'est à la fois son élasticité et le fait qu'elle soit bouclée. Plus le poil est bouclé – avec, par exemple, dix frisures au centimètre –, plus il est facile à travailler pour la Bergère et les ouvriers de la manufacture, qui pourront filer la laine soigneusement lavée en un fil fin et élastique. Cette élasticité est importante, car elle permet à la fibre de reprendre sa forme après avoir été étirée ou comprimée. Contrairement aux poils des autres espèces, la laine ne casse pas.

Autre point intéressant, la laine isole naturellement contre le feu. Comment ça se fait ? Eh bien, elle a besoin d'une température plus élevée par rapport au coton pour s'embraser, car il lui faut davantage d'oxygène. Une fois enflammée, elle se carbonise et s'éteint d'elle-même. C'est la raison pour laquelle on l'utilise pour ignifuger les avions et les trains.

Mais ce n'est pas sa seule différence avec les poils des humains ou des chats : la peau de mouton produit naturellement de la lanoline, une huile douce qui résiste à l'eau. Cette graisse protège la laine et la peau des moutons de l'humidité et du vent. Elle peut servir à l'hygiène des humains, au point que, lorsqu'on lave la laine, on récupère la lanoline pour l'incorporer à des cosmétiques afin d'apaiser et d'hydrater la peau.

La laine est la seule fibre naturelle capable d'absorber un tiers de son poids en eau. Lorsqu'elle est exposée à l'humidité, il se produit une réaction chimique qui dégage de la chaleur. La Bergère en a fait l'expérience à de nombreuses reprises, mais la plus mémorable a eu lieu alors qu'elle vivait à Black Sheep Farm depuis quelques années. Lors des pluies de mars, le niveau de la Nore monte souvent au point qu'elle sort de son lit et inonde nos prés qui la bordent. La Nore, qui fait partie des Trois Sœurs avec la Barrow et la Suir, prend sa source dans le Devil's Bit, avant de couler jusqu'à Waterford par un val appelé vallée de la Mort en raison du grand nombre de cimetières anciens que l'on y trouve. Elle passe par trois de nos prés, baptisés « Inch » en référence au nom irlandais *inish*. L'Upper Inch est celui qui est situé le plus en amont de la rivière, suivi par le Middle Inch et le Short Inch. Ce dernier était autrefois connu pour les multiples sources qui jaillissaient dans sa partie haute, vendue il y a bien longtemps par le grand-père de la Bergère, qui avait besoin d'argent pour des réparations vitales à la ferme. C'est une fois ainsi raccourcie que cette prairie a pris le nom de Short Inch.

Un jour du mois de mars, la Bergère et son père, sur un coup de tête, ont eu l'idée de descendre la Nore en canoë, de la maison jusqu'à Inistioge, quelque dix-sept kilomètres plus bas. La campagne est jolie, avec un mélange de saules, de chênes, de frênes et de hêtres, de prairies, de jardins, de châteaux en ruine et de moulins à moitié écroulés le long des berges. La rivière regorge d'écrevisses, de truites et d'anguilles. Quand s'installe la saison, le saumon et la lamproie – à l'apparence si particulière – viennent frayer avec les loutres et les martins-pêcheurs. Le cours d'eau abrite aussi la moule perlière d'eau douce de la Nore, une espèce unique dans le monde.

Les deux compagnons se sont arrêtés dans le village de Thomastown afin de voir un vieil ami, écrivain de voyages de son état, pour le déjeuner, puis ils sont repartis. Mais après avoir mal évalué la position du piège à saumons en aval de Dangan Castle, loin de la sécurité des grandes arches de pierre du pont de Thomastown, ils ont eu droit à un bain glacé. Le père de la Bergère, qui portait une veste en polaire sous son imperméable, n'a pas tardé à être transi de froid. Mais le pull en laine de la Bergère s'est bientôt mis à dégager une étrange chaleur grâce à la qualité auto-chauffante de la laine. Ce qu'ils faisaient tous deux sur l'eau à cette époque de l'année est resté un mystère ; mais, par chance, ils ont survécu.

Historiquement, la laine apportait un revenu stable et sûr à de nombreux éleveurs de la région, me raconte la Bergère lorsqu'elle se plonge dans ses souvenirs. Il y avait des manufactures de laine au bord de la Nore, aussi nombreuses que les moulins et les manufactures de lin. En face de notre ferme passe une route au tracé parallèle à la rivière et que l'on appelle « Woollen Grange Road », et un peu plus loin s'élève un vieux bâtiment qui portait autrefois le nom de Merino Factory. Ces deux appellations sont évocatrices de l'économie de la laine. Des propriétaires locaux y produisaient de la laine mérinos de haute qualité. Les moutons mérinos ont été importés d'Espagne. Certains de ces mêmes animaux sont partis ensuite vers l'Australie, où ils ont été introduits : aujourd'hui, il y en a de grands troupeaux, qui produisent une fine laine blanche. À présent, il ne reste qu'un moulin à céréales, et toutes les manufactures de laines ont fermé depuis longtemps, si bien que notre production doit parcourir trente kilomètres jusqu'à Graiguenamanagh afin d'être filée.

Bien que la Bergère utilise les réseaux sociaux pour vendre la production de nos moutons, elle aime encore les produits agricoles des Jours anciens, à l'époque où les choses étaient faites pour durer des générations. La Bergère me raconte, d'un air assez pompeux, que Philip Cushen, de la manufacture de Cushendale, « a joué un rôle vital dans l'évolution et la croissance des produits de la laine de Black Sheep Farm ». C'est un tisserand extrêmement doué, affirme-t-elle, avec une compréhension innée de cette fibre durable qu'est la laine et des procédés qui doivent lui être appliqués, de la pâture des moutons dans nos petits prés verdoyants à la couverture de la plus haute qualité qui peut être vendue avec le label Zwartbles Ireland. Dans ces moments-là, elle a tendance à s'écouter un peu parler, en discourant sur cet artisanat sublime et sur le fait que la connaissance de la laine a tendance à être grandement sous-estimée dans ces temps modernes de fibres artificielles. J'imagine bien, mais le plus important, pour la Bergère, c'est l'aide que lui a offerte Cushen pour comprendre la laine des zwartbles et ce que l'on peut en faire.

Bien sûr, je dois la croire sur parole, car je n'ai, pour ma part, jamais visité la manufacture de Philip, située sur un affluent de la Barrow, dans le village de Graiguenamanagh, car la mule-jenny pourrait rouler sur ma queue splendide.

Depuis les années 1890, la manufacture a transformé avec talent les toisons en pelotes de laine. D'abord, on les lave, on les écharpille, puis on les carde et on les enroule en grosses mèches qui ressemblent à des saucisses. Ensuite, elles sont frottées jusqu'à devenir de minces réseaux de fils, et pour finir, les énormes mule-jennys à l'ancienne tissent ces fils en laine prête à être tricotée. La majeure partie de leurs machines est très ancienne – du début des années 1900. Aussi les visiteurs se sentent-ils transportés dans le temps alors que les mule-jennys vont et viennent sur le plancher. La Bergère me décrit même les allées et venues de Philip à côté de sa mule-jenny pendant qu'elle file la laine. Il évoque sa machine comme si elle était humaine. « Elle me parle », affirme-t-il. Il l'écoute rouler rythmiquement d'avant en arrière. Il guette l'apparition de cassures dans le fil. Quand cela se produit, il rattache le fil cassé au suivant d'une rapide torsion de la laine entre ses doigts. Quand les fuseaux sont pleins, il arrête la machine pour les remplacer par d'autres, vides, avec l'aisance de longues années d'expérience. Comme Black Sheep Farm, cette manufacture est dans sa famille depuis des générations, et la Bergère apprécie ce fait.

Pour en revenir à ma fourrure, je peux me débarrasser de mon chaud manteau d'hiver afin d'être plus au frais dans l'écrasante canicule de l'été. Certes, j'ai besoin de l'aide de la Bergère pour retirer les poils morts, mais j'ai du mal à supporter qu'elle tire sur un nœud ou se coince les doigts dans mon pelage hirsute.

Contrairement à moi, nos moutons noirs sont incapables de perdre leurs poils. Leur épaisse toison hivernale est le fruit de siècles de sélections accomplies par les humains pour améliorer leur fibre renouvelable et lustrée. Aussi, quand le temps se réchauffe, au printemps et en été, la lanoline des moutons coule, douce et liquide, dans la chaleur du jour. La Bergère secoue son Seau magique de granulés, et le troupeau répond à son appel, trottant depuis les prés vers l'enclos de tonte. Les fileuses et les feutreuses viennent de toute la campagne irlandaise pour choisir leur mouton préféré et le regarder se faire tondre. Elles s'assurent ensuite d'avoir une belle toison bien épaisse à emporter chez elles pour fabriquer du fil.

Le début de l'été rappelle souvent à la fermière des souvenirs de ses voyages, enfant, à Black Sheep Farm, avec sa grande sœur. Elle raconte régulièrement comment leurs parents envoyaient les deux petites filles en Irlande depuis les États-Unis. À l'époque, c'était beaucoup moins cher que maintenant d'acheter des billets pour les enfants. À cinq et huit ans, les deux fillettes ont embarqué à bord d'un avion Aer Lingus, à l'aéroport de New York JFK. Leur mère était rassurée par la présence d'une étiquette en carton avec leur nom, qu'elles portaient autour du cou. Winnie Hayes et son équipe d'hôtesses souriantes s'occuperaient d'elles.

Pour passer le temps, en attendant d'atterrir à Shannon Airport, une très petite Bergère essayait de fabriquer du beurre avec les minuscules godets de crème fournis aux passagers pour leur thé ou leur café. Ni sa sœur ni l'équipage n'ont tenté de l'en dissuader, et elle a passé la plus grande partie du vol à agiter sa dosette de crème liquide. Sans succès, faut-il le préciser.

L'avion a survolé l'Atlantique pour aller se poser à Shannon, où les filles étaient attendues par leurs grands-parents, qui les ont emmenées dans leur ferme de Kilkenny. Cette ferme qui, des années plus tard, sous la responsabilité de la Bergère, prendrait le nom de Black Sheep Farm.

Une fois, les grands-parents ont demandé à un groupe de religieuses qui rentraient aux États-Unis de veiller sur les deux sœurs pendant le voyage. Vêtues de la tête aux pieds de leur tenue traditionnelle noir et blanc, les nonnes ressemblaient à un troupeau de manchots. Elles ont accepté de les prendre sous leur aile pour la durée du vol. Mais ce dernier a été annulé. Aussi la Bergère et sa sœur ont-elles passé la nuit avec leur troupe de religieuses, qui n'ont cessé de s'affairer gentiment autour d'elles. Lorsque l'avion a enfin décollé, le lendemain matin, les bonnes sœurs, très protectrices envers leurs jeunes pupilles, ne se sont pas contentées de secouer un peu d'eau bénite dans la cabine : elles ont littéralement inondé la petite Bergère, sa grande sœur et leurs albums à colorier. Aujourd'hui, elle trouve l'histoire particulièrement comique, mais, sur le moment, la Bergère était très contrariée, car l'eau bénite empêchait ses crayons de marquer les pages détrempées.

Je dois bien reconnaître que les souvenirs d'enfance provoquent toutes sortes de sentiments chez les humains et les animaux. J'ai appris, à mes dépens, qu'un étang couvert de lentilles d'eau supporte le poids d'une grenouille, mais absolument pas celui d'un chat. C'est indéniable : l'expérience, c'est cette chose que l'on acquiert juste après en avoir eu besoin !

La même mésaventure est arrivée à la Bergère, quand elle était petite, ici, à Black Sheep Farm. Ses parents et grands-parents avaient dit à tous les enfants qu'ils ne devaient pas venir sur le perron à l'heure du thé, ce jour-là, car ils attendaient un visiteur très important. Les sept enfants de la maisonnée sont donc partis jouer dans un pré éloigné, au milieu duquel se trouvait un vieil étang entouré d'une bordure de ciment. Les petits jouaient à chat – un nom bien mal choisi pour ce jeu humain, si vous voulez mon avis – en courant sur l'étroite bande de ciment, se balançant comme des funambules. Soudain, quelqu'un a poussé la Bergère dans la mare. À la surface flottait un épais tapis de lentilles d'eau vert tendre. Sous cette couche se cachait une eau profonde, noire et nauséabonde, issue de la putréfaction de plusieurs années de feuilles mortes et de bouse de vache. Horrifiée de se retrouver trempée, puante et couverte de la tête aux pieds de lentilles d'eau, la Bergère est partie en courant vers la maison. On aurait dit un petit monstre vert, mouillé et malodorant. Personne n'était très content de la voir ainsi débouler sur le perron, et ils ont tenté vaillamment de cacher leur hilarité.

—Non, tu ne peux pas entrer dans la maison ! Fais-le tour et va te nettoyer au tuyau d'arrosage.

En s'éloignant, elle a entendu de nouveaux éclats de rire et a su que c'était pour elle. Ce n'est que bien plus tard qu'elle a appris que l'invité était Graham Greene, un écrivain très célèbre. Ainsi, c'est sous la forme d'un nauséabond monstre vert de l'étang que la Bergère a fait connaissance avec M. Greene. Je suis certain qu'il savait raconter cette histoire avec davantage de rebondissements comiques que la petite Bergère n'aurait pu le faire… L'histoire du jour où il a rendu visite à un ami écrivain, dans la campagne irlandaise, lorsque leur conversation intellectuelle a été interrompue par la petite-fille blonde et maigrichonne de son hôte, tout le corps couvert de lentilles d'eau putrides.

Les journées d'été de la Bergère consistaient à courir dans les champs ou à travailler dans le jardin, où elle ramassait fruits, légumes et fleurs qui seraient vendus au marché local ou à des primeurs. La Bergère se souvient aussi d'avoir conduit l'ânesse, prénommée Ishbel, au tempérament placide. Que ce soit pour rentrer le foin, épandre du compost sous les massifs ou cueillir poires et pommes, Ishbel était toujours d'accord pour tirer sa carriole. Quand on n'avait pas de tâches à lui confier, la Bergère et les autres enfants l'entraînaient dans toutes sortes d'aventures. Si l'on avait besoin de pain ou de lait, ils s'entassaient dans la carriole ou la charrette et, tirés par Ishbel au pas ou au trot – selon son humeur –, ils descendaient au village. Ils relevaient les messages et s'achetaient des glaces au chocolat avec l'argent gagné en cueillant framboises et groseilles ou en arrachant l'ambroisie.

De loin en loin, ils allaient jusqu'à l'atelier de souffleur de verre, tenu par Simon Pearce, à l'autre bout du village. C'est le même homme qui, plus tard, est parti et a créé une usine de verre à White River Junction, dans le Vermont, alimentée en électricité par la rivière.

En Irlande, son atelier possédait une plateforme d'observation qui permettait aux touristes d'assister à ses activités. Il s'y trouvait une table de billard. La Bergère, sa sœur et leur petit frère attachaient Ishbel à l'extérieur, où les touristes la prenaient en photo et jouaient au billard.

Une fois, alors qu'ils rentraient à la maison, quittant l'atelier à bord de leur carriole, ils ont dû s'arrêter à l'épicerie afin d'acheter du pain et du lait pour le goûter. La Bergère et son frère se sont précipités dans le magasin pour relever les messages. Leur sœur est restée dehors, tenant Ishbel à l'arrêt. Pendant que les deux plus jeunes étaient à l'intérieur, un car de touristes s'est garé. Les vacanciers ont demandé s'ils pouvaient monter dans la carriole et se photographier. L'aînée a accepté. Au dernier moment, un membre du groupe a annoncé qu'ils voulaient que l'un d'eux prenne la pause en tenant les rênes, sans la petite fille. Elle a encore accepté. Après avoir pris un tas de photos, les touristes sont descendus de la carriole. Sans un mot, celui qui tenait les rênes a quitté son poste, laissant Ishbel libre de ses mouvements. Celle-ci n'a pas eu besoin qu'on le lui dise deux fois : elle a bondi et s'est élancée dans le village, puis elle a passé le pont en direction de la ferme. C'est le moment qu'ont choisi la Bergère et son frère pour sortir de la boutique. Ils ont regardé leur sœur courir à toutes jambes derrière une ânesse qui franchissait ventre à terre le pont vers la maison. Par chance, il y avait peu de voitures à l'époque, et tout s'est bien fini.

Une autre drôle d'histoire asinienne s'est produite lorsque la Bergère dressait une jeune ânesse blanche, prénommée Snowball, à tirer la petite carriole tandis qu'un ami pédalait à leurs côtés sur son vélo. Soudain, Snowball a été effrayée par un objet inconnu. Elle a pris le mors aux dents, puis est partie au galop, incontrôlable. Terrifiée, elle zigzaguait d'un bord à l'autre de la route, si bien que l'une des roues de la carriole est montée sur le talus, faisant basculer le véhicule, l'ânesse et la conductrice. La Bergère s'est retrouvée bloquée sous la lourde structure de bois. Snowball, coincée quant à elle sur le flanc, était maintenue par les harnais entre les brancards. L'ânesse, paniquée, ne cessait de se débattre et de ruer. La Bergère, impuissante, a crié à son ami de s'asseoir sur la tête de Snowball jusqu'à ce que de l'aide finisse par arriver. Aussitôt que l'enfant a été installé sur la tête de l'animal, celui-ci s'est calmé pour rester immobile.

Par chance, ils n'ont pas eu à attendre longtemps avant l'arrivée d'un gros camion. Le chauffeur a été bien obligé de s'arrêter, puisque l'ânesse prise au piège, la carriole renversée, et la Bergère coincée occupaient toute la largeur de l'étroite route de campagne. Il a sauté de sa cabine, a aidé l'ami à détacher Snowball des brancards, puis a redressé la carriole, permettant à la Bergère de se dégager. Par bonheur, celle-ci n'avait que des hématomes et des égratignures sur la hanche et la cuisse. Snowball n'avait pas le moindre bobo.

Une autre expédition merveilleuse consistait à conduire la carriole jusqu'au prieuré de Kells, à dix kilomètres de la ferme. En ce temps-là, Kells était un monastère augustinien de l'époque normande, en ruine, une magnifique gemme archéologique de l'Irlande rurale. À part quelques locaux, personne ne pénétrait dans l'enceinte rectangulaire avec ses jolies tours d'angle. Partiellement entouré de vastes champs, Kells était niché dans la vallée de King's River, juste sous les deux superbes ponts en pierre calcaire du village de Kells. Moutons et vaches broutaient l'herbe riche du monastère et des alentours. L'impressionnante fortification en ruine et les chapelles effondrées étaient les vestiges d'une époque où se produisaient des raids qui menaçaient les vies agricoles et religieuses des moines. Les trois acres du monastère fortifié, avec les tours de pierre carrées, offraient aux petits un terrain de jeux où grimper. Durant l'enfance de la Bergère, ils adoraient monter dans chacune des tours pour admirer le paysage. Ils couraient aussi comme des chats sur les hauts murs, avec cette témérité de la jeunesse humaine qui se croit immortelle. Et puis les nombreux coins et recoins offraient d'innombrables cachettes dans tout le rez-de-chaussée des vestiges, et c'était donc l'endroit rêvé pour jouer à cache-cache ou au jeu des sardines.

De nombreux pique-niques d'anniversaires à Kells peuplent les souvenirs de la famille et des amis.

La Bergère est convaincue que tous ces souvenirs d'enfance – et bien d'autres – sont à l'origine de ce qui l'a attirée, des années plus tard, vers la petite ferme de sa famille, dans la vallée de la Nore et le comté de Kilkenny. Pour ma part, je crois que ce retour à la ferme a bouclé la boucle de sa vie, après toutes ces années de labeur à New York, à Londres et en Asie du Sud-Est, et je pense vraiment qu'elle serait d'accord sur ce point.

# 5

## Visiteurs estivaux

L'été – en particulier juin et juillet – marque l'arrivée de nos nombreux visiteurs à Black Sheep Farm. Je les tolère, car, comme me l'a expliqué la Bergère, c'est ce qui paie les factures. Elle ne le dit pas méchamment, bien sûr : ils forment cette part croissante de la communauté de Black Sheep Farm qu'elle construit depuis des années sur les réseaux sociaux. Elle me confie souvent que l'agriculture est comparable à la religion : il y en a différentes sortes, et chacune a ses adeptes passionnés. La passion est ce qui leur permet de ne pas lâcher dans les périodes difficiles. Elle croit fermement que chacun doit faire ce qui lui plaît. Elle écoute et s'intéresse, mais n'aime pas qu'on tente de la persuader. Par exemple, ici en Irlande, une petite nation insulaire, il existe une grande variété de terrains, qui impliquent des méthodes différentes pour cultiver les mêmes plantes ou élever les mêmes animaux. La Bergère est passionnée par l'agriculture et vraiment motivée, mais elle sait aussi que l'une des difficultés de la gestion d'une ferme, aujourd'hui, est de parvenir à gagner suffisamment d'argent pour maintenir le bateau à flot, si je puis dire. Avec seulement quatorze acres de pâture et un petit troupeau de zwartbles, ce n'est pas chose facile.

Malgré son côté « vintage », la Bergère a décidé de vivre avec son temps et d'utiliser les réseaux sociaux comme espace gratuit pour mettre en vente nos moutons zwartbles, sans avoir à payer d'encarts publicitaires dans des journaux ou des magazines. Nos premiers abonnés sur les réseaux étaient des éleveurs ovins et des personnes intéressées par l'agriculture. Ensuite, de nombreux non-fermiers ont entrepris d'en savoir plus, par curiosité, puis des fans de tricot ont commencé à nous demander si la laine de nos moutons était à vendre et si nous confectionnions des pelotes. Les fervents admirateurs de Black Sheep Farm qui ne tricotaient pas ont aussitôt été séduits et se sont mis à vouloir des articles en laine vendus tout faits. Aussi la Bergère a-t-elle dessiné des couvertures pour les humains. Puis ses followers lui ont demandé de créer une page juste pour moi, parce qu'elle avait déjà écrit si souvent à mon sujet sur la page Zwartbles Ireland et que les gens me trouvaient apparemment intrigant… ce qui est bien normal, en vérité. C'est ainsi que je me suis ouvert un compte Twitter, que la Bergère tente de m'aider à alimenter quotidiennement. Quand le réseau – plutôt aléatoire dans la campagne – le permet, bien sûr… Lorsqu'elle a été interviewée dans un magazine agricole américain du nom de *Modern Farmer*, le journaliste, Jesse Hirsch, a déclaré : « Il n'a fallu que quelques mois à Bodacious le chat pour obtenir le même nombre d'abonnés que sa propriétaire a mis des années à conquérir. » Je n'aime pas me vanter, mais j'adore l'entendre ronchonner à ce sujet, et vous imaginez combien elle a été agacée quand quelqu'un lui a dit qu'il fallait me faire connaître davantage… Depuis, j'ai été filmé pour la télévision et des documentaires sur l'élevage de moutons, aussi bien à propos de la laine que de la viande. Je supporte tout ce cinéma, car, si cela peut aider la Bergère à financer la ferme, je suis prêt à tous les sacrifices.

Avec le temps, et comme les pelotes et les couvertures étaient vendues partout dans le monde, les humains se sont rendu compte que les chats adorent la laine authentique des zwartbles. Ils en ont dès lors voulu de plus petites pour leurs amis félins. C'est ainsi qu'a été dessinée et créée ma couverture pour chat. L'un de mes abonnés Twitter en a même utilisé un exemplaire pour attirer un chat des rues dans sa maison. Aujourd'hui, il fait partie de la famille à part entière, et j'en suis très heureux.

Et il y a l'histoire de Smudge. C'était un agneau malingre qui a dû recourir à la chaleur de l'Aga pour lutter contre l'hypothermie, puis être nourri au biberon, et dont le nom signifie « tache ». Au même moment, une dame en Floride subissait un traitement pour une récidive de cancer du sein. Elle suivait sur Internet les progrès de Smudge, et a fini par déclarer que, si elle s'en sortait, elle viendrait lui rendre visite en Irlande. Un an plus tard, chargée de cadeaux, elle a quitté la Floride ensoleillée pour l'Irlande glaciale. Elle a passé une merveilleuse demi-heure à bavarder avec Smudge.

La Bergère a également reçu des messages de mamans qui lui ont raconté combien leurs enfants hospitalisés appréciaient les récits quotidiens sur Twitter de la vie à la ferme. Des gens lui écrivaient que, lorsqu'ils allaient voir leurs parents âgés à la maison de retraite ou à l'hôpital, ils étaient accueillis par la question : « Qu'est-ce qui s'est passé chez les zwartbles aujourd'hui ? » Cela lui réchauffait le cœur, car elle savait ce que c'était que d'être gravement malade, et combien il était important de pouvoir se distraire de ses malheurs.

L'étape suivante, pour beaucoup de mes abonnés, était de venir visiter Black Sheep Farm et de me rencontrer, ainsi que certaines des brebis à la personnalité la plus marquante ou quelques béliers comme Smudge. Ils réservaient, bien à l'avance, une date qui convenait des deux côtés afin de ne pas interrompre de travaux importants. Beaucoup aimeraient venir au moment de l'agnelage, et je les comprends, mais c'est la période où nous sommes tous épuisés par le manque de sommeil. Aussi nous sommes-nous décidés pour l'été. Nos groupes de visiteurs proviennent désormais de l'univers international du tricot, aussi bien des fermiers que de futurs chefs, et sont même parfois constitués de touristes venus du Japon, d'Australie, de Nouvelle-Zélande, des États-Unis et du Canada. C'est ainsi que les filaments du Web permettent de forger des pièces d'or.

Pourtant, pendant que je m'accommode de ces hordes saisonnières, savoir si je vais venir ou non les rencontrer en personne est une tout autre question. Je suis un chat de ferme très occupé. La Bergère donne toujours des explications sur le langage corporel à nos visiteurs avant qu'ils s'approchent du troupeau. Pas de mouvements brusques, d'attitude surexcitée, de contact visuel, ce genre de choses. J'ai déjà entendu maintes fois son laïus, alors j'en profite pour piquer un somme au soleil tout en acceptant, de temps à autre, l'intérêt d'un visiteur. Tandis que Pepper passe entre les gens pour les accueillir avec dignité, Ours, avec son enthousiasme débridé, a du mal à se retenir de leur sauter dans les jambes. « Coucou, coucou, je suis là ! Coucou, coucou, je suis là ! » En général, Le Grand est enfermé, car il aurait tendance à être très agité par l'affluence et à croire la ferme et le troupeau en danger.

Ours bondit de personne en personne, fou de joie, et tente de saluer chacun avec la même amabilité. Son amour de la vie est contagieux. Il l'exprime de tout son corps. La Bergère doit sans cesse lui rappeler de ne pas sauter sur les gens : comme il est petit, il se sent obligé d'accroître sa taille en enchaînant les bonds sur les jambes des humains avec ses pattes pleines de boue. La Bergère multiplie les excuses, surtout par temps de pluie. Ours ne se permettrait pas de sauter sur la Bergère, car il sait qu'elle n'apprécie pas, mais il s'est rendu compte que les autres humains n'avaient rien contre. Il n'est pas bête, il sait reconnaître les cœurs tendres. Ça exaspère la Bergère, mais elle ne peut pas changer l'éducation d'Ours sur ce point, car les humains raffolent de lui. Son charme est plus puissant que les traces de ses pattes sales sur les jeans.

Avant d'amener les visiteurs dans les prés, la Bergère leur pose cette curieuse question : « Quelle est votre première langue ? »

La plupart répondent : « L'anglais. » Mais, assez souvent, c'est l'espagnol, le français, l'allemand, ou même le japonais.

La Bergère les contredit alors poliment : « Notre première langue à tous, universelle, est le langage corporel. »

Elle repère ensuite un visiteur qui semble tenir à son espace personnel, et soudain, elle entre d'un coup dans cette zone, tout près et bien en face. La personne réagit en reculant d'un ou deux pas. Je dois faire attention : une fois, j'étais derrière quelqu'un qui a fait marche arrière à toute vitesse et a manqué de me tomber dessus. C'est tout juste s'il a réussi à garder l'équilibre alors que je m'enfuyais. Par chance, il n'était pas trop pataud. Je n'ai pas trouvé la plaisanterie à mon goût.

— C'est un exemple de langage corporel, explique la Bergère en reculant pour rendre son espace à son cobaye. Il y a quelques points que vous devez comprendre avant que nous entrions dans le pré des moutons. Premièrement, nous autres, humains, apparaissons comme des prédateurs, car nous avons les yeux sur l'avant du visage, dit-elle en plongeant dans le regard des gens. À l'inverse, les moutons sont des proies et ont les yeux sur les côtés, ce qui leur donne un plus grand champ de vision pour voir arriver le danger.

Elle montre le champ de vision du mouton avec les mains. C'est ce qui permet aux proies de repérer les prédateurs. Je dois dire que c'est plutôt malin.

— Deuxièmement, les moutons déchiffrent votre langage corporel instinctivement, sans se tromper. En tant qu'individus, ils comprennent parfaitement les prédateurs, et tous ensemble, ils forment un troupeau d'ovins (parfois, la Bergère trouve plus chic de ne pas dire « moutons ») doté d'une intelligence collective. Les moutons ont trois types de comportements vis-à-vis des humains et des prédateurs, aussi bien en tant qu'individus que collectivement. Soit ils choisissent la fuite, soit ils dominent leur peur et campent sur leur territoire, soit ils sont d'humeur curieuse et restent où ils sont. Pour attirer leur curiosité, dictée par l'estomac, on peut agiter le « seau magique » de granulés.

La Bergère agite alors le Seau magique. Les granulés s'entrechoquent et plusieurs moutons, non loin, entendent le bruit caractéristique. Aussitôt, ils bêlent par réflexe pavlovien, ce qui suscite rires et sourires chez nos visiteurs. Et un ronron de ma part.

— On espère que le bruit éveille la curiosité instinctive du mouton et surpasse leur réflexe de fuite. Essayez de bouger avec la grâce lente d'une ballerine, dit la Bergère en faisant un lent geste de la main, comme une danseuse. N'agitez pas les bras ni les mains, et ne faites aucun mouvement brusque.

Elle plie le bras : son coude forme alors un angle, ce qui, aux yeux des moutons, semble menaçant.

— Cela perturberait les moutons et les inciterait à s'éloigner.

Elle avance vers un autre visiteur sans le quitter des yeux. Son attitude est presque agressive, et le touriste recule d'instinct avant de sourire lorsqu'il comprend.

— Approchez en crabe sans les regarder en face. Vous susciterez leur curiosité et ne déclencherez pas de réflexe de fuite, ajoute-t-elle en tournant la tête de côté d'un air presque coquin. Puis posez les mains sur les moutons qui se trouvent de part et d'autre de vous, mais pas sur celui qui est devant vous.

Elle tend les bras doucement. Souvent, Pepper, notre Einstein canin, lui renifle les doigts pour accepter ce geste amical.

— Les moutons lisent les signes de votre corps et les interprètent. C'est un langage commun qui passe par le mouvement et la posture. En tant qu'humains, nous avons tendance à mal comprendre ce mode de communication ancien, que nous avons perdu en développant la parole. Ainsi, si vous semblez tendus, ils devineront votre nervosité et n'auront pas envie d'interagir avec vous. À l'inverse, si vous avez peur, ils vont sentir les signaux olfactifs de votre anxiété comme si vous leur parliez, et ils ne bougeront pas.

Les humains quittent la cour pour rejoindre un champ. Je les suis à distance respectueuse.

— Essayez de vous détendre afin de vous présenter avec calme et grâce, comme une simple présence amicale. Les moutons vous accepteront et viendront vous demander une gratouille sur la tête ou vous donner un petit coup de museau pour avoir des granulés. Vous pouvez les leur donner dans la paume de la main.

Les visiteurs s'arrêtent pour prendre des photos pendant que la Bergère ouvre la grille.

— Tout le monde a son appareil photo allumé ? demande-t-elle avant d'écarter doucement le battant.

L'ouverture de la grille a souvent le même effet que le Seau magique. Le grincement des gonds rouillés résonne à travers le pré. Tous les moutons, occupés à brouter, relèvent la tête en même temps. Chacun des visiteurs, granulés dans la main, filme ou prend des photos alors que la marée de moutons noirs accourt vers eux. Il ne faut que quelques secondes pour que les ovins arrivent de toutes les directions vers le petit groupe d'inconnus. Certains sautent de côté lorsqu'une personne agite soudain la main ou n'avance pas gracieusement en crabe. Il s'ensuit une joyeuse mêlée avec des rires, des gloussements, des cris de joie – de la part des humains, en tout cas. Les moutons se bousculent, poussent et forcent le passage dans la forêt de jambes humaines pour grignoter ou chiper des friandises offertes sur la paume tendue.

Comme le remarquent ceux qui s'y connaissent, la Bergère sait y faire avec les animaux. J'en ai été le témoin à de multiples reprises, depuis que nos chemins se sont croisés pour la première fois, dans ce magasin de toilettes fantaisie à Kilkenny. La Bergère m'a déjà conté de nombreux récits de son charisme et de la séduction qu'elle exerce sur les animaux : ils la respectent et lui obéissent immédiatement. Même si j'ai l'impression qu'elle brode parfois un peu, au fond de mon cœur, je sais que c'est vrai.

Un jour, un jeune humain est venu pour une visite. Après avoir observé l'aisance avec laquelle la Bergère interagissait avec l'ensemble de nos animaux, il a été frappé par sa manière d'anticiper chacun de leurs mouvements. Il a demandé à la Bergère comment elle avait acquis cette faculté de deviner les gestes à venir des bêtes. Était-ce un instinct ? Elle a répondu : « J'ai l'impression que le langage corporel est notre premier langage instinctif et qu'il est universel. Ainsi, il peut être traduit d'une espèce à l'autre. Ce qui fonctionne avec un âne peut fonctionner aussi avec un chien. Maintenant, je vais vous dire comment je pense avoir acquis cette capacité à lire dans les pensées des animaux et deviner ce qui va se produire… »

Croyez-moi, elle a un tel nombre d'histoires à raconter que, si elle en tissait tous les fils, elle pourrait coudre une couverture assez grande pour napper toute la ferme.

Elle lui a expliqué qu'enfant, à l'école, elle avait toutes sortes de problèmes qui l'empêchaient de se fondre dans le troupeau que forment les petits en classe et dans la cour. Déjà, la Bergère était dyslexique, ce qui la plongeait dans une gêne intolérable quand on lui demandait de lire à voix haute. Pour les dyslexiques, le langage écrit ressemble parfois à une série de petits gribouillis sur une feuille. Les lettres et les mots ne leur apparaissent pas comme aux autres. C'est comme si des bouts de mots disparaissaient à chaque fois qu'ils lisent une page, même plusieurs fois de suite. Je peux vous assurer que c'est exactement ce qui se passe quand je laisse un message aux chats de gouttière pour les informer qu'ils ne doivent pas errer dans ma ferme. Je m'exprime par des marquages territoriaux – griffades du sol ou sur des arbres –, mais aussi par des informations complémentaires en projetant mon odeur ou en frottant les glandes odoriférantes de mes joues. Si je ne répandais pas l'essence de mon eau de Cologne personnelle, les autres chats ne comprendraient pas mes messages de mise en garde et ne garderaient pas leurs distances.

Ensuite, la Bergère se sentait humiliée lorsqu'on la mettait au tableau avec une craie blanche dans les mains. Quand on lui demandait de faire une addition devant toute la classe, son cerveau restait pétrifié comme un cerf devant des phares. (Moi, à l'inverse, comme je le disais plus tôt, je suis un véritable expert pour compter les moutons de mon troupeau avec ma méthode facile : dénombrer les pattes et diviser par quatre.)

Enfin, la Bergère avait un accent qui semblait bizarre à ses camarades de Charlottesville, car elle n'avait pas la moindre trace de la prononciation traînante de Virginie. On aurait cru un oiseau exotique parmi des pies. Elle employait des mots étrangers à leur vocabulaire, dont de nombreux termes irlandais : elle disait « biscuit », et non « cookie », par exemple. Ainsi, exactement comme les pies lorsqu'un intrus pénètre sur leur territoire, ses camarades l'attaquaient sans relâche, se moquaient d'elle, la harcelaient et la frappaient. Pire, ils l'ostracisaient afin de ne pas se retrouver à parler comme elle, comme s'il s'agissait d'une maladie potentiellement contagieuse et invalidante.

Les sobriquets dont on affublait la Bergère variaient chaque jour, au gré des humeurs de l'Assemblée des pies. Pour échapper à sa solitude et à la sujétion des coups de bec, elle dessinait des chevaux ailés dans les marges de ses livres et de ses feuilles d'exercices. Elle rêvait de s'envoler vers la liberté sur le dos d'un magnifique Pégase. Ainsi, « Cheval volant » devint l'un de ses surnoms, lancé comme une insulte. Pour ma part, je n'aurais pas cru que cela puisse être injurieux ! L'autre appellation dont on l'accablait était « Face de chien », que personnellement je ne supporterais pas.

Pour survivre aux harceleurs et à leur méchanceté, la Bergère a dû apprendre à les éviter autant qu'il était possible dans l'enceinte de l'école. Ainsi, par mesure de sécurité, elle a appris à déchiffrer le langage corporel de ses pairs afin d'échapper aux confrontations. Elle surveillait de loin leur approche dans la cour, les couloirs ou les salles de classe. À la façon dont ils se tenaient et à leur port de tête, elle devinait leur état d'esprit. Les expressions faciales faisaient également partie du langage corporel, de même que les regards. Certains arboraient des sourires sirupeux, mais leur regard dur manifestait leurs intentions malveillantes et les trahissait comme des individus dangereux qui lui voulaient du mal.

Elle n'a jamais perdu cette capacité à déchiffrer le langage corporel, même lorsqu'elle a grandi et a relevé de nouveaux défis, certains avec succès, et d'autres moins. Les animaux sont restés son grand amour, et elle s'est consacrée à eux, même si, parfois, elle les oubliait pour une courte période. Après avoir abandonné le rêve de devenir actrice à New York et à Londres, elle s'est trouvée de nouveau attirée par l'univers des animaux et s'est fait embaucher dans une petite clinique vétérinaire du nord de Londres. Alors qu'elle travaillait avec le vétérinaire, elle cherchait un moyen pour financer sa prochaine aventure. Comme vous le savez, elle a une passion pour les chevaux, et, à ce moment-là, elle rêvait de chevaucher dans les pas des explorateurs Lewis et Clark, dépêchés par le président Thomas Jefferson à travers l'Amérique du Nord. Elle voulait réitérer l'expédition d'Aimé Félix Tschiffely, de l'Argentine à Washington, et traverser ainsi les trois Amériques à cheval. Mais celle qui l'inspirait le plus était Isabella Lucy Bird, la première femme voyageuse au long cours, qui s'est rendue partout sur le globe, à pied ou à cheval, à l'exception des deux pôles. Avec sa monture, elle a traversé seule les Rocheuses, à l'époque dangereuse où les Blancs colonisaient le continent. Jamais elle n'a été malmenée par les Indiens ni par quiconque, car elle était perçue comme une âme libre et aventureuse, et respectée comme presque sacrée par tous ceux qu'elle a rencontrés.

Cela peut paraître étrange dans notre monde moderne – car les humains ont la possibilité, à présent, de trouver toutes les informations en ligne –, mais, il y a vingt ans, la seule façon de connaître les comportements des animaux sauvages ainsi que les techniques d'élevage et de médecine vétérinaire était de voyager soi-même vers de lointaines contrées. Quand la Bergère travaillait pour l'ONG, elle est devenue amie avec de nombreux animaux exotiques. Elle aimait beaucoup Sumo, un orang-outan qui appréciait les délicieuses feuilles de manguier qu'elle lui offrait. Elle les lui faisait passer entre les barreaux de son enclos, et il les attrapait avec délicatesse avant de les mâcher d'un air méditatif. Dans un autre zoo d'Asie, les loutres se rassemblaient pour la saluer dès qu'elle approchait. Mais l'histoire qu'elle aime le plus raconter, c'est celle du cochon vietnamien… je l'ai déjà entendue au moins mille fois.

Dans la clinique du nord de Londres, les vétérinaires étaient souvent contraints de mener des procédures extraordinaires, qu'on n'imaginerait jamais dans un petit cabinet typique d'une grande métropole. Une fois, ils ont dû faire venir un dentiste spécialisé pour arracher des dents à une truie vietnamienne. Par respect pour son anonymat, nous l'appellerons Peggy la cochonne. Peggy est arrivée dans un joli taxi londonien. Elle est descendue du véhicule en plein milieu de la chaussée, qu'elle a traversée en remuant les fesses, bloquant la circulation jusqu'à ce qu'elle soit entrée dans la clinique. Son propriétaire a tendu la laisse à la Bergère, qui lui a demandé si Peggy avait des aversions particulières. Le maître a répondu que la seule chose que détestait sa truie était le bruit de l'aspirateur.

La partie la plus difficile de l'opération, ce jour-là, a été de faire monter Peggy sur la table. Tout s'est bien passé, le dentiste était content, et Peggy est ressortie de son opération en parfaite santé, des dents à la queue. Alors que l'heure à laquelle son maître devait venir la chercher approchait, la truie ne s'était toujours pas réveillée après son anesthésie. Elle continuait à assourdir toute l'équipe de ses ronflements sonores. L'heure tournait, et le taxi avait déjà été réservé pour son trajet de retour. Il fallait absolument que Peggy soit alerte afin de traverser une rue très passante, monter dans le véhicule, puis grimper l'escalier pour rentrer chez elle. Le vétérinaire commençait à paniquer, bien conscient que la corpulente Peggy avait une bonne dose d'anesthésiant à évacuer avant de pouvoir partir. Il lui donnait de petites tapes, essayait de la tenter avec d'exquis fumets de nourriture, lui flanquait des claques sur les fesses, lui criait dans les oreilles et lui tirait les pattes pour la réveiller. En vain : elle ne remuait pas. Elle était trop bien installée sur son tapis de suites opératoires, dans un coin confortable de la clinique, et ne sentait aucun besoin de bouger.

La Bergère était sortie faire une course. À son retour, il ne restait que quinze minutes avant que le joli taxi noir de Peggy arrive. La Bergère s'est approchée du placard pour en tirer l'aspirateur, et le vétérinaire, en pleine panique, s'est mis à crier :

— Qu'est-ce que tu fais ? Ce n'est pas le moment de passer l'aspirateur ! On doit réveiller ce cochon et le faire marcher ! Tout de suite ! Range ce truc !

La Bergère, sans se démonter, a fini de sortir l'aspirateur et l'a branché. Elle l'a approché de Peggy, l'a allumé, puis l'a éteint presque aussitôt. Les ronflements se sont interrompus dans un petit éternuement de détresse, et la truie s'est redressée. Elle a regardé autour d'elle, totalement perplexe. Le propriétaire n'était pas encore là. Aussi le vétérinaire et son assistante se sont-ils placés de part et d'autre de l'animal pour avancer vers l'entrée. Chaque fois que Peggy faisait mine de s'arrêter pour se rallonger, la Bergère remettait l'aspirateur en marche. La truie n'a pas été longue à sortir du brouillard de l'anesthésie grâce au bruit de l'appareil. Lorsqu'ils ont enfin débouché devant l'entrée, le taxi était arrivé. Par chance, il avait trouvé une place juste devant la clinique. La Bergère a caché l'aspirateur au propriétaire. Tout le monde s'y est mis pour que la lourde Peggy, toujours aussi volumineuse mais du moins bien réveillée, parvienne à grimper dans le véhicule pour son court trajet vers la maison.

Pendant les mois d'été, à Black Sheep Farm, il arrive que nous ayons un épisode de sécheresse. Au début, le temps sec est bienvenu pour tondre les moutons et faire les foins ; mais, une fois ces tâches accomplies, nous apprécions l'alternance d'averses et de ciel bleu. Nos prés ont besoin d'eau pour que poussent les herbes de notre fourrage, et de soleil, qui accroît leur taux de sucre et de protéines. Si la sécheresse s'éternise, elle freine la croissance de la verdure dans les pâtures, et le sol commence à se fendiller. Cela signifie que je dois faire attention à ne pas mettre une patte dans ces profondes crevasses.

Parfois, il m'arrive de me joindre à la Bergère quand elle marche dans un pré, tête baissée pour observer la terre et l'herbe afin de voir comment elles résistent à l'absence de pluie. Un soir de juillet très sec, après le dîner où elle avait bu quelques verres de vin, je l'ai surprise à entonner une chanson qu'elle avait écrite, sur la mélodie de *Summertime* de George Gershwin. Elle l'avait intitulée *En attendant la pluie*.

*C'est l'été, et la bergère est très occupée,*
*L'herbe est douce, les moutons tondus, le foin rentré.*
*Viens, ma belle, allons, c'est toi que nous attendons.*
*Nous t'attendons tous, les bergers et les moutons.*
*L'un de ces gros nuages fera tomber la pluie*
*Qui arrose les plantes et abreuve les brebis.*
*Dans les prés régneront l'abondance et la joie.*
*Le lait coulera à flots pour l'agneau qui boit.*

Quand la Bergère arpente les prés en chantant comme une folle, je garde mes distances et m'installe le plus souvent dans un arbre afin de guetter depuis une branche, dans l'ombre fraîche. Pepper s'allonge lui aussi à l'abri du soleil, Le Grand assis près de lui, et la Bergère fait les cent pas avec Ours, toujours plein d'enthousiasme juvénile, sur les talons. La petite nouvelle, Inca, trébuche à leur suite, chaque petit monticule haut pour elle comme une vraie montagne.

Fin août, la tâche que préfère la Bergère, pendant la soirée, est de cuisiner une courge d'été. Ce n'est pas un légume qui me plaît – trop aqueux à mon goût –, mais elle adore la confiture de courge au gingembre et raffole de courges farcies à la viande. Une courge, c'est un peu comme une grosse courgette, et nombreux sont ceux qui les jettent au compost, persuadés qu'avec une peau aussi épaisse, cette cucurbitacée n'est pas comestible. La Bergère, cependant, la coupe en deux, retire les graines, la tranche à nouveau en deux, puis la fait bouillir pour la ramollir. Ensuite, elle dispose les quarts sur la plaque du four et remplit les creux avec de la viande hachée cuisinée façon sauce bolognaise, puis enfourne le tout une demi-heure. Après cuisson, elle saupoudre le plat d'un bon fromage râpé bien blanc. Une délicieuse odeur de viande et de fromage emplit alors la cuisine, mais, malgré mes regards pleins d'espoir, je ne reçois pas de viande. La Bergère prétend que les oignons qui y sont mélangés seraient mauvais pour moi, mais je ne suis pas certain de gober ça. Cette courge farcie est servie avec une sauce blanche avec quelques feuilles de persil. Sa *pièce de résistance*, comme elle le dit en français, est sa fameuse ratatouille : une montagne de légumes d'été – aubergines, poireaux, oignons rouges, carottes, courgettes, poivrons, et même des panais –, le tout coupé en grosses rondelles et saupoudré d'origan frais du jardin, de sel et de poivre, arrosé d'huile d'olive et d'une larme de son « vinaigre balsamique le plus subtil ». Elle rôtit cette pyramide végétale dans l'Aga. Qui eût cru que des légumes pouvaient être si délicieux ?

Le sommet d'un été à Black Sheep Farm, cependant, est de montrer nos beaux zwartbles dans les foires agricoles. Si nous décidons de présenter nos brebis, nos béliers et nos agneaux à leur apogée, nous devons commencer à nous y préparer dès décembre et janvier. D'abord, la Bergère choisit les animaux à l'allure la plus noble et la plus élégante, qui doivent avoir la tache blanche caractéristique bien dessinée depuis les oreilles jusqu'au museau. Il faut au minimum deux chaussettes blanches – sur les membres postérieurs –, qui doivent ressembler à des socquettes. Les marques blanches peuvent se trouver sur les quatre pattes, mais leur hauteur est strictement limitée aux genoux. Le dernier critère de beauté est l'extrémité neigeuse de la queue, qui ne doit pas représenter plus de la moitié de l'appendice. Pour finir, le moindre poil blanc dans les parties noires est rédhibitoire.

Une fois ces marques distinctives examinées, la Bergère doit passer des heures à ausculter les moutons qui rentrent dans les critères, et vérifier scrupuleusement chaque point de conformité. Par exemple, elle regarde leurs paturons (la région de la cheville, entre le boulet et le sabot). Sont-ils droits, mais pas trop non plus, et surtout pas concaves ? Il faut un long dos noir avec des côtes bien attachées, et une croupe un peu arrondie au-dessus d'un pelvis bien large pour nos brebis. Cette anatomie est importante en premier lieu pour assurer des agnelages faciles, et aussi parce qu'elle donne toute la place nécessaire aux mamelles pour fournir du lait à un agneau nouveau-né. La forme de la mâchoire et de la tête est également très importante. Les dents doivent être parfaitement droites afin de ne pas donner au mouton des allures de canard à gros bec.

Quand la Bergère a sélectionné ce qui lui semble être les meilleurs candidats, elle les place deux par deux pour effectuer un nouveau tri. Ils auront été tondus au milieu de l'hiver afin de faire apparaître leur épaisse toison noire et ses jolies frisures. L'extrémité des poils n'aura pas encore été décolorée par le soleil, et les moutons seront donc sur leur trente-et-un dans l'enclos de présentation. Durant les dernières semaines avant le concours agricole, il reste beaucoup de choses à accomplir : panser, arranger, brosser, nettoyer, et réaliser une manucure des sabots.

En général, la Bergère est si occupée avec les visiteurs qu'elle ne peut participer qu'à un seul concours en été. Une année, elle a choisi la foire agricole de Clonmel, dans le sud du comté de Tipperary, qui présente les championnats d'Irlande de moutons zwartbles. La semaine précédant la foire, les moutons qu'elle avait sélectionnés ont été conduits au stand de toilettage. Cette invention est dotée d'un levier qui permet d'élever la plateforme sur laquelle se tient l'animal afin qu'il soit à la bonne hauteur pour l'humain qui s'en occupe. Une sorte de hamac lui maintient la tête en position pendant que la Bergère lave, brosse et recoupe les poils du museau aux pieds. Elle le fait avec une brosse en métal – semblable à l'outil traditionnel qui sert à carder la laine avant de la filer – et des ciseaux. Cela peut sembler difficile à croire, mais certains moutons apprécient ce genre d'attentions. Ils s'endorment debout. Quand leur toilettage est fini et que la plateforme est ramenée au niveau du sol, il faut parfois les pousser pour qu'ils acceptent de descendre ! Je déteste que la Bergère s'occupe de ma fourrure, et plus encore qu'elle me pomponne.

Entre autres, la Bergère utilise le peigne à carder pour faire gonfler la toison, et les ciseaux pour la tailler afin qu'elle ait une forme régulière. Ainsi, elle peut mettre en avant ou au contraire cacher certains éléments de l'anatomie de chaque mouton. La brosse à carder est un outil aussi vital qu'inhabituel. Comme un hérisson, il est doté d'épines pointues. Chacune d'entre elles est en métal et se termine en courbe. La courbure de l'extrémité accroche les frisures et les tire vers l'extérieur, ce qui allonge le poil et donne du volume aux parties du corps que la Bergère juge trop peu charnues.

Je m'allonge souvent à l'ombre pour regarder ce laborieux procédé pendant que Manique aime s'en mêler. Souvent, la Bergère s'assied sur un vieux tabouret de cuisine tout déglingué pour s'occuper des pattes, des sabots et du ventre. Manique en profite pour lui sauter sur l'épaule afin de superviser le travail. Une fois, il a bondi de l'épaule de la Bergère sur le dos d'Alfie, le bélier. Il s'est accroupi pour lui patouner le dos, toutes griffes dehors : c'est le peigne à carder félin, pour aider à gonfler la fourrure d'Alfie.

À la grande surprise de la Bergère, notre Alfie a remporté le championnat national d'Irlande de zwartbles du Clonmel, par une chaude journée de juillet. Ça la fait rire de raconter que c'était une victoire dans un domaine autre que le hurling pour un bélier zwartbles en territoire ennemi – c'est-à-dire à Tipperary. Elle était drôlement contente. Le hurling, c'est un peu une religion dans le comté de Kilkenny, et comme tous ses habitants le savent, l'équipe des Cats est la meilleure. Rien ne peut rendre la Bergère plus fière que lorsqu'elle hisse le drapeau du comté de Kilkenny sur le toit de la maison au plus fort de la saison de hurling, ses couleurs noir et ambre se détachant sur le vert foncé des prés.

## 6

## Jours de flemme et visites familiales

Août est le mois de l'année où notre foyer déborde de la famille de la Bergère. Tout le monde habite loin de Black Sheep Farm. Son frère et sa sœur viennent avec leur conjoint et les enfants. Je tends à me faire rare, car les jeunes humains peuvent être terriblement fatigants. Mais, avec le temps, j'ai appris à les supporter. Manique, avec sa vanité et sa paresse, adore être le centre de l'attention. Il se roule sur le dos pour se faire piquer et tirer par tous ces petits doigts potelés.

Contrairement à moi, la Bergère est dévouée à son troupeau de petits humains, qu'elle emmène dans toute la ferme pour leur confier de modestes tâches. Je les suis à une distance prudente, mais parfois je n'arrive pas à résister et me joins à la troupe lorsque le quad est de sortie ou que les enfants jouent à attraper des grenouilles. Observer les bébés grenouille est très amusant pour nous tous, bien que je me fasse réprimander lorsque je les poursuis dans l'herbe et me jette sur eux, griffes rentrées, pour les inciter à sauter et ressauter. Les petits humains adorent regarder les minuscules grenouilles s'accrocher de toute la force de leurs petits orteils au doigt de la Bergère. À peine plus grandes que l'ongle de son pouce, elles viennent juste de quitter l'étang où elles sont nées, sous la forme d'œufs d'abord, avant de se transformer en petits têtards noirs rapides comme l'éclair, avec juste une tête et une queue. Leur couleur sombre leur permet d'échapper aux prédateurs dans l'eau boueuse de la mare.

Ensuite, ils se changent en une version miniature de leurs parents grenouilles. Ils abandonnent leur robe noire pour une couleur vert tendre de jeune pousse, parsemé de mignonnes taches d'un brun terreux sur leur petite tête fripée, et de plus petites sur le dos. Des bandes marron foncé sur leurs cuisses puissantes viennent compléter ce camouflage qui les rend invisibles dans l'herbe.

Dans la cuisine, Miss Marley reste loin au-dessus de la mêlée. Athlétique comme elle est, elle bondit avec grâce depuis la table jusque sur la dernière étagère de nos hauts placards. Puis elle entre d'un pas élégant dans l'un des jolis saladiers en terre cuite que la Bergère a reçus en cadeau pour avoir aidé à vendre des poteries de second choix, avant mon arrivée à Black Sheep Farm. Les seconds choix ont de petits défauts et ne peuvent être proposés au prix normal. Miss Marley aime s'y lover pour une sieste au calme. Les humains ont l'habitude d'utiliser ces saladiers pour ranger les bouchons de vin, qu'ils y jettent lorsqu'ils ouvrent une bouteille. Si Miss Marley s'y trouve, elle se réveille en recevant le nouveau venu, s'ébroue et jette aussitôt un bouchon aux humains en guise de réponse. Le projectile décrit une vaste courbe avant d'atterrir sur la table de la cuisine. Les visiteurs, surpris, commencent par sursauter, puis éclatent d'un rire de soulagement. Parfois, Miss Marley ronfle très fort depuis son saladier. Le vrombissement félin caractéristique résonne le long du plafond et dans toute la cuisine. Les gens qui viennent pour la première fois se demandent d'où émane cet étrange bourdonnement. Si l'un des humains à table lance un bouchon dans le saladier et qu'il lui tombe dessus alors qu'elle est cachée, à ronfler profondément, elle se réveille avec un miaulement de protestation. On voit alors émerger le haut de ses oreilles. Puis sa tête, les yeux mi-clos, fait une apparition ensommeillée.

Roulé en boule sur les genoux de la Bergère, je l'ai entendue raconter qu'elle aussi dormait sur une étagère dans sa jeunesse citadine. Oui, une étagère, au-dessus d'une porte, dans un appartement de Manhattan. Ce lit new-yorkais ne semble pas aussi confortable que notre étagère à nous, dans la cuisine de Black Sheep Farm, avec l'air chaud de l'Aga qui monte par les froides journées d'hiver. Miss Marley et Manique passent l'essentiel de leur temps dans les saladiers tout en haut du placard.

Il semblerait que, jeunes, on puisse supporter à peu près n'importe quoi. Ce n'est qu'en vieillissant que l'on se rend compte que l'on préfère le confort. Quand la Bergère me met dehors pour mon travail nocturne – ce qui, de temps en temps, me contrarie s'il fait un temps de chien –, je me faufile à travers la cour pour me nicher dans un tas de foin d'été odorant, dans l'écurie.

En août commence la très importante préparation du cycle d'agnelage. La Bergère et moi, nous sortons dans les prés plusieurs fois par jour et peignons le poitrail du bélier avec une peinture non toxique, assez grasse, que l'on étale entre ses membres antérieurs. Ainsi, la Bergère sait quelle brebis notre bélier a couverte en observant les traces de peinture qu'elle porte sur le dos. Cela montre que le bélier a fait son travail de saillie. La Bergère peut alors calculer à quelle date la brebis devrait agneler. Il faut ajouter cent quarante-cinq jours – ou cinq mois moins cinq jours – à partir de la première journée où les traces de peinture sont apparues sur le derrière de la brebis. Ça permet à la Bergère de calculer la date à laquelle nous devons commencer nos visites nocturnes aux brebis gestantes dans la bergerie de mise bas. De nos jours, l'agnelage se produit le plus souvent entre janvier et début février, et dépend précisément du moment de l'accouplement. Par chance pour les brebis et la Bergère, je suis expert pour déterminer la date des futures naissances grâce à mes longues années d'expérience.

Toute cette activité signifie que l'esprit de la Bergère est souvent occupé de ce qu'elle appelle pompeusement « son apprentissage de l'élevage ». Tout a commencé lorsqu'elle était élève à l'université agricole dans le Vermont. Puis elle a changé de voie pour le théâtre et le tumulte londonien, avant de revenir à l'endroit qui l'attendait depuis le début. On est tellement nombreux à bifurquer dans la vie ! Le chemin ne part pas directement d'un point A vers un point B : il serpente entre les deux en méandres. Cela s'est passé ainsi pour la Bergère, et pour moi aussi, car je n'ai embrassé ma vraie nature de chat de ferme qu'après quelques années dans les rues de Kilkenny.

La vie rurale a commencé pour la Bergère quand elle était bébé, au sein de la ferme de ses cousins, dans le Maryland. Elle raconte souvent l'histoire de son arrivée chez eux, un soir, après la tombée de la nuit, juste avant la récolte du maïs fourrager. Dans la voiture conduite par son père, la jeune Bergère amenait une amie d'école qui avait rarement quitté la ville. Alors qu'ils remontaient l'allée, elle songeait avec impatience au verre de lait de poule qui les attendait certainement sur la vieille table de cuisine en émail blanc. Mais, alors qu'ils arrivaient au dernier tournant avant d'atteindre le vieux corps de ferme en pierre, ils ont vu qu'on leur faisait des signaux avec des lampes de poche. Le père de la Bergère s'est arrêté et a baissé la vitre pour demander ce qui n'allait pas. L'employé de ferme a expliqué que les vaches angus s'étaient échappées de leur enclos et galopaient à présent dans le champ de maïs. Tout le monde est sorti de voiture, à l'exception du petit frère de la Bergère et de leur mère.

Alors qu'ils quittaient le véhicule, la Bergère a deviné ce qui avait sans doute causé la fuite du bétail : un orage sec faisait rage, avec force coups de tonnerre et éclairs de chaleur. À la seule lueur des flashs, la Bergère et son amie sont entrées dans le Champ avant, ainsi nommé en raison d'un espace de deux kilomètres carrés qu'il occupait devant la ferme. Les hautes tiges du maïs s'élevaient bien au-dessus de leurs têtes, car on n'était plus qu'à quelques jours de la moisson. En y repensant, je suis sûr que la Bergère était désolée pour son amie de la ville, qui s'accrochait, terrifiée, à sa chemise, en la suivant dans les rangées de céréales, alors que les éclairs de chaleur illuminaient leur chemin. Elles entendaient les vaches avancer en écrasant les plantes. Soudain, un fracas a retenti tout près. Un éclair a suivi et une grosse vache noire a émergé du maïs juste devant elles. L'animal a tourné la tête dans leur direction. L'amie de la Bergère a hurlé de terreur. La vache, encore plus effrayée, a détalé au galop, la queue en l'air. Une fois tout le monde arrivé tout au bout du Champ avant, ils se sont mis à encourager les bovins d'une voix calme et forte : « On avance, les belles. On avance, les belles. » L'employé criait lui aussi : « Allez, mes belles, allez, mes jolies », dans l'espoir de les attirer vers lui. Il faisait noir comme dans un four, sauf dans les brefs instants où l'orage illuminait le champ tout autour d'eux. Ils entendaient les bêtes juste devant, froissant les tiges sèches et meuglant en réponse aux paroles de l'ouvrier agricole. Lorsqu'elles sont reparties à travers champs, vers la maison des cousins, l'amie de la Bergère était toujours accrochée à sa chemise. Toutes deux étaient encore un peu tremblantes après leur brève rencontre avec la vache, bien que la peur ait été réciproque. Après toutes ces émotions, le lait de poule était bienvenu. Comme j'aurais voulu y être pour goûter, moi aussi, la douce boisson à base de lait cru et d'œufs frais !

Après le lycée, à la fin de l'adolescence, la Bergère a suivi des études dans une université agricole et forestière. Cela lui a permis d'accroître et d'améliorer ses compétences afin de pouvoir gagner sa vie au sein du milieu rural qu'elle aimait depuis l'enfance. Souvent, l'apprentissage pratique et physique sur le terrain lui semblait plus profond et plus agréable que de rester le nez dans les livres, chose qu'elle avait toujours trouvée difficile. Elle aimait tracter à cheval des troncs d'arbres fraîchement abattus dans les zones boisées. Au début du printemps, elle adorait conduire un traîneau à cheval dans la neige, circulant entre les érables à sucre du Vermont pour ramasser les seaux de sève qui serait transformée en sucre et en sirop. Dans ces magnifiques clairières entourées d'érables dépouillés de leurs feuilles par l'hiver et dont la sève signalait le réveil, on n'entendait rien d'autre que les grincements de chaînes et de cuir alors que les chevaux avançaient laborieusement dans la neige, tirant les traîneaux chargés de barils. Ensuite, la Bergère participait à la fabrication du sirop d'érable et du sucre savoureux. Ce travail en extérieur, dans le froid, lui a permis d'affiner sa capacité à observer et à comprendre les comportements animaux. Ainsi, elle et ses chevaux ont pu parfaire leur collaboration.

Pourtant, apprendre dans les livres était loin d'être ennuyeux. *Terre et Civilisation*, d'Edward Hyams, était l'une de ses lectures favorites : elle a exercé une influence majeure sur sa future carrière d'agricultrice. L'auteur, un penseur politique et social du vingtième siècle, a beaucoup inspiré le mouvement de l'agriculture bio : il insiste sur l'importance de respecter les saisons et d'apprendre à travailler l'environnement sans le détruire afin d'en tirer la nourriture dont on a besoin. La Bergère est toujours fan de Hyams, même si, me dit-elle, elle suit une démarche d'agriculture durable, et non biologique au sens strict du terme. Elle est contre les OGM et les insecticides, mais traite les animaux malades avec des antibiotiques lorsque c'est nécessaire.

Rachel Carson a aussi influencé la Bergère avec son œuvre fondatrice, *Printemps silencieux*, qui a changé le regard des gens sur l'environnement grâce à sa défense passionnée des écosystèmes et à sa dénonciation des pesticides. Rachel Carson a joué un rôle déterminant dans l'interdiction du DDT pour les usages agricoles. Ce puissant insecticide a un effet désastreux sur la faune sauvage. Pourtant, comme me l'a affirmé la Bergère, ce produit aurait pu détruire le moustique vecteur de la malaria et contribuer à éradiquer cette maladie. Mais, avec l'interdiction du DDT, la malaria demeure. Elle se demande si les humains ne seraient pas victimes d'un « syndrome de l'apprenti sorcier » avec leurs inventions chimiques. Elle pense qu'ils ne peuvent que perdre lorsqu'ils essaient de battre la nature à son propre jeu. Car la nature joue au petit chimiste depuis des millions d'années, alors que les humains viennent tout juste de commencer. Je ne suis pas trop certain de comprendre ce qu'elle veut dire, car je suis un chat, mais la Bergère a lu davantage que moi, alors je suppose qu'elle sait de quoi elle parle.

La Bergère a encore accru ses compétences animalières pendant l'été qui a suivi la remise de son diplôme de l'université agricole. Elle a quitté le Vermont pour la campagne de l'État de New York, où elle a exercé son premier emploi agricole officiel : il s'agissait de débourrer et de dresser des chevaux morgan afin qu'ils puissent être montés. Le morgan est l'une des premières races américaines, semblable au poney connemara et au cheval de trait irlandais qu'on utilisait pour le travail de la terre. À l'âge de quinze ans, elle a passé son permis de conduire, comme de nombreux Américains des campagnes. Dans son nouvel emploi, elle a dû aussi apprendre à conduire une vieille Ford T version pick-up, indispensable pour de nombreuses tâches à la ferme équestre. Pour lancer le moteur, il fallait appuyer avec le pied sur un bouton au sol. Le véhicule avait en outre un vieux volant très raide, une pédale d'embrayage qui grinçait et qu'il fallait presser avec prudence sous peine de caler, et des amortisseurs tellement antiques que le moindre grain de sable sur la route vous éjectait hors du siège conducteur. Elle a découvert plus tard que sa connaissance précoce des engins vieillots était un atout pour sa carrière d'agricultrice. Mais, inversement, lorsqu'elle s'est vue obligée d'exercer des emplois agricoles pour gagner sa vie, elle a pris enfin conscience que l'on ne pouvait pas tout attendre du savoir encyclopédique acquis sur les bancs de l'université agricole. Tenir une ferme demande de l'attention, de l'observation et une pratique méticuleuse. Je suis bien placé pour le savoir, car j'ai dû apprendre mon travail avec Oscar. On ne peut acquérir les ficelles du métier de chat de ferme autrement qu'en vivant et en travaillant dans une exploitation. Oscar a joué un rôle majeur dans ma conversion et dans mon acceptation de la vie à la ferme. Il m'a expliqué que je devais observer avec attention les tâches accomplies par la Bergère, et être également vigilant quant à ses propres techniques lorsqu'il chassait le rat et la souris. Souvent, la Bergère devait interrompre nos parties de chasse, à notre grand agacement, car elle avait bien sûr besoin de notre aide avec les moutons. C'est grâce à l'observation, la pratique et l'éducation universitaire tout à la fois qu'elle est devenue douée pour l'élevage des bêtes et la gestion de la terre.

Lorsque la Bergère est revenue en Irlande après son été à débourrer des chevaux morgan dans l'État de New York, il lui fallait un travail. L'Irlande du début des années 1980 n'offrait que peu d'emplois rémunérés, et la plupart des gens de son âge avaient émigré dans leur quête d'un poste payé. Pendant son premier automne dans sa maison irlandaise, elle a eu bien du mal à trouver un contrat stable. Aussi s'est-elle essayée à toutes sortes de petits boulots. Mais tous devaient se trouver accessibles à pied ou en stop depuis notre ferme.

Elle a commencé par la récolte du houblon, dans une ferme voisine, pour une brasserie de Kilkenny. Ce n'était pas une activité à entreprendre sans une bonne paire de gants. Ensuite, elle a cueilli et vendu les pommes de notre verger, planté par son grand-père dans les années 1940. Les légumes du potager, les autres fruits et les fleurs étaient vendus sur les marchés locaux et chez les primeurs du coin. L'été fini, elle est devenue batteuse dans différentes chasses aux faisans. Ce travail, qui s'exerce à l'automne et en hiver, consiste à battre les buissons avec un gros bâton de frêne pour faire fuir les faisans qui y sont cachés. Le bruit des broussailles que l'on secoue pousse les volatiles vers une ligne d'hommes armés de fusils, qui les abattent lorsqu'ils s'envolent. Le déjeuner était offert et, quand la journée avait été bonne, les batteurs recevaient en outre une couple de faisans, qu'ils emportaient chez eux et qui leur faisaient quelques repas. La femme du cousin de la Bergère, véritable chef spécialiste du faisan, lui a enseigné ses meilleures recettes.

Bien des années plus tard, les talents de la Bergère pour la cuisine du gibier ont été mis en avant lorsqu'elle a reçu un gigot de l'un des élèves auxquels elle enseignait la photographie à Kilkenny. Il l'a approchée à la manière d'un agent secret, lui tapotant le coude tout en ouvrant son sac pour lui laisser entrevoir un gros morceau de viande rouge sombre, qu'elle a accepté avec délice.

La Bergère aime faire mariner la venaison coupée en cubes, pendant vingt-quatre heures, dans un brandy rouge pas trop cher ou un vin rouge, avec des échalotes entières, du fenouil, des carottes, un peu de gingembre émincé, une bonne pincée de mélange d'épices, du romarin, du thym, du poivre, du sel et une grosse dose de baies de genièvre. Quand la viande a bien macéré, elle ajoute une noix de beurre et la place dans le four de l'Aga pour une lente cuisson d'une journée. La maison s'emplit doucement d'un merveilleux arôme qui déclenche le même réflexe pavlovien chez tous les habitants carnivores et omnivores du foyer. Elle sert ce plat avec un mélange de riz blanc et brun, qui apporte une terreuse saveur de noisette.

Comme petit boulot, la Bergère s'est aussi occupée de dresser un grand poney connemara gris. Son propriétaire n'avait pas de selle, et la Bergère non plus, ce qui l'obligeait à monter à cru à travers la campagne. À cette époque, la Bergère a adopté un chien, qu'elle a baptisé Max (comme vous pouvez le constater, recueillir les animaux abandonnés est une sorte de tic chez elle). Il était d'un noir de jais, issu du croisement d'un border collie et d'un labrador noir. De taille moyenne, il possédait une queue bouclée faisant penser à celle d'un alaskan husky. Max était toujours collé à la Bergère. Si jamais elle sortait de la maison sans lui, il trouvait une fenêtre ouverte, quelle qu'en soit la hauteur, et sautait pour la suivre. C'était un sauteur incroyable, et un chien tellement fidèle qu'il l'accompagnait même quand elle montait le poney sur des routes asphaltées.

Cependant, Max était officiellement plus froussard qu'une souris lors de ses rencontres avec ses congénères. Ainsi, lorsqu'ils traversaient le village ou passaient devant une ferme d'où s'élevaient des aboiements féroces, il se servait du pied de la Bergère comme d'une marche pour grimper sur le poney et s'installer devant elle. Il se sentait bien en sécurité, là-haut, entouré des bras de la cavalière, qui tenait les rênes.

Une fois, alors que la Bergère était partie pour une longue promenade sur le poney avec Max à sa suite, ils sont tombés sur une file de voitures garées sur le bas-côté. Certains conducteurs étaient assis dans leur véhicule, d'autres debout à côté, et tous regardaient au loin. Max était déjà installé sur le poney et n'a donc pas eu peur lorsqu'ils ont entendu un grand fracas venu du point que fixaient les gens. Cela provenait de Kilkenny Hunt, la plus ancienne chasse du comté. Chiens et chevaux s'avançaient sur la route. Ils approchaient à vive allure dans le matin frais, la vapeur montant des chevaux et s'échappant de la gueule des chiens. La meute appartenait au major Victor McCalmont, de Mount Juliet. Le poney a commencé à s'agiter, et Max s'est mis à avoir peur, bien qu'il soit en sécurité tout contre la Bergère. La route a été envahie de chevaux au trot, de cavaliers et d'une vaste meute de chiens de Kilkenny. Alors que cette foule équine et canine avançait vers eux sur la route, la Bergère a essayé de s'écarter et s'est trouvée, avec son poney, tout près d'une femme qu'elle connaissait bien.

— Pourquoi tu ne te joins pas à la chasse ? a demandé son amie.

— Je suis certaine que le major ne me permettrait jamais de chasser à cru.

À cet instant, le major en personne est passé, sur un très grand cheval, entouré de son imposante meute. L'amie de la Bergère, qui le connaissait bien, lui a lancé :

— Bonjour, major. Accepteriez-vous que cette jeune femme se joigne à la chasse aujourd'hui ?

Après un bref regard à la Bergère, montée sur son poney gris crotté, sans selle, avec un gros bâtard noir assis devant elle, il a répondu :

— Elle ne va pas tomber ?

— Non, a répliqué l'amie.

— Débarrassez-vous du chien et vous pourrez nous suivre, a-t-il décrété en s'éloignant. Mais n'espérez pas qu'on vienne vous ramasser si vous tombez de cheval ! a-t-il ajouté de loin

La Bergère s'est hâtée de confier Max à son amie afin de pouvoir rejoindre la chasse. Ç'a été l'une des plus belles randonnées de son existence que de suivre la Kilkenny Hunt ce jour-là. C'était encore l'ancienne époque, avec les terres agricoles divisées en petites parcelles séparées par des murs de pierre, d'épaisses haies et de profonds fossés, et souvent coupées par des ruisseaux et des rivières. Ces frontières – pour certaines naturelles et pour d'autres construites – servaient de limites pour garder vaches et moutons. Les fermiers n'avaient pas encore clôturé champs et prairies afin d'empêcher leurs bêtes de boire aux cours d'eau et de s'y baigner. Rares étaient les éleveurs à avoir entouré leurs pâtures de grillages ou de clôtures électriques. Il était peu fréquent de tomber sur des barbelés contre un mur ou dans une haie et, en général, les prés ne s'étaient pas encore transformés en petites pâtures closes par des barrières électrifiées.

Le poney connemara que la Bergère éduquait depuis des mois était un petit bonhomme plein de tempérament et d'endurance. Il faisait honneur à la réputation de hardiesse de cette célèbre race irlandaise. Il sautait facilement les haies, murs, fossés et clôtures que la Bergère lui présentait. C'était un Pégase anonyme de la campagne, un poney volant. L'épisode le plus extraordinaire s'est produit lorsque la Bergère et le connemara ont dû traverser un cours d'eau à la nage. Monter le poney trempé, c'était comme de tenter de tenir sur le dos d'une anguille qui se débattrait. La Bergère a serré les jambes et a continué la chasse, sautant par-dessus les fossés, les berges et les hauts murs de pierre. Par chance, elle a réussi à garder l'équilibre et à rester sur sa monture pendant que celle-ci séchait peu à peu grâce à la friction des jambes musclées de la cavalière.

Quand la journée a touché à sa fin, la Bergère a pris conscience qu'elle se trouvait bien loin de chez elle et qu'elle avait à présent une longue route à faire, au crépuscule, avant que le poney et elle puissent se reposer. Alors qu'elle passait devant la ferme d'un ami, elle a calculé qu'il lui restait dix kilomètres à parcourir et qu'il ne tarderait plus à faire noir. Elle a songé à mettre pied à terre pour marcher un peu, car elle avait l'impression d'avoir été coupée en deux. La chevauchée effrénée lui avait meurtri tous les muscles. Elle s'apprêtait à descendre de sa monture lorsqu'une petite fille s'est approchée à bicyclette.

— C'est vous, Suzanna ? a-t-elle demandé.

— Oui.

— Mon papa m'a dit de vous dire de venir chez nous parce que quelqu'un va vous ramener à votre maison.

Devant la proposition d'un trajet en voiture, la Bergère a poussé un gros soupir de soulagement et s'est écartée de la route. Elle a suivi la fillette sur son vélo, dans l'allée qui menait au corps de ferme, à moins d'un kilomètre de là. La petite l'a conduite jusqu'à une écurie accueillante, où le poney fatigué pourrait se reposer et se remettre. Bien qu'épuisée, la Bergère a pris une brosse et une poignée de paille fraîche et dorée pour le bouchonner. En bon connemara, après une dure journée de labeur, il a reniflé de plaisir et a plongé les naseaux dans un grand seau de granulés, à côté d'une ration d'eau et d'une pile de foin magnifique de l'été passé.

M. Hughes, le père de l'enfant, a accueilli avec joie la Bergère lorsqu'elle est entrée dans la maison.

— La voilà, la voilà !

— Bonsoir ! Bravo, belle chevauchée ! C'était épique ! se sont écriés les nombreux amis réunis après la chasse, qu'ils y aient pris part ou simplement assisté en tant que spectateurs.

— Qu'est-ce que je vous sers ? a demandé M. Hughes.

La Bergère était trop fatiguée pour réfléchir, et elle a répondu la première chose qui lui a traversé l'esprit :

— Un gin tonic, s'il vous plaît.

M. Hughes a rempli de gin un grand verre aux trois quarts, puis y a ajouté une larme de tonic… La Bergère s'est assise et s'est détendue. Ce n'est qu'en buvant sa boisson d'un trait qu'elle s'est rendu compte combien elle avait soif. Sans lui laisser le temps de dire ouf, on lui a servi un deuxième verre. Quand la voiture a été prête pour la ramener à la maison, elle tenait tout juste debout après une quantité d'alcool imprévue.

Désormais, la Bergère se sent trop vieille pour chasser. Elle n'a plus besoin de l'adrénaline d'une cavalcade à travers la campagne, au son de la horde hurlante. Toutefois, pendant de nombreuses années qui ont suivi, les gens se sont souvenus de la Bergère comme de celle qui était montée à cru avec la meute de Kilkenny. Ils se remémoraient non seulement le fait qu'elle ait réussi à ne pas se laisser distancer, mais aussi qu'elle ait toujours évité les chutes, quelle que soit la difficulté. Après cette longue chevauchée, les propriétaires du connemara ont eu vent de la performance de la Bergère avec leur animal. Ils ont pu vendre leur poney sur la base de son exploit de ce jour-là. Eh oui, si quelqu'un a pu suivre une chasse sur son dos à cru, c'est qu'il s'agissait d'un excellent poney !

La saison de l'agnelage, dans les comtés de Wicklow et de Carlow, était le moment où la Bergère gagnait le mieux sa vie et où elle a appris des leçons qui lui ont bien rendu service lorsqu'elle a repris Black Sheep Farm. Elle était nourrie et logée, mais ne gagnait que 50 livres par mois, une misère. Je m'en sors mieux avec mes croustillantes croquettes à volonté, ainsi qu'un œuf cru – un délice – une fois de temps en temps. Comme elle n'avait pas de voiture, elle ne risquait pas d'aller bien loin dépenser son argent durement gagné. Et avec un si maigre budget, elle ne se rendait au pub – à pied, donc – que les soirs où l'on pouvait chanter en échange d'une boisson.

La première ferme dans laquelle elle a travaillé avait un sol entièrement dallé. Tout le monde était équipé de sabots en bois pour éviter d'avoir froid aux pieds après avoir enlevé ses chaussures boueuses. La Bergère montait à cru le petit cheval des enfants du fermier lorsqu'elle parcourait les prés pour examiner les brebis qui venaient de mettre bas. Cet éleveur avait un troupeau si imposant qu'il employait à plein temps un berger, un régisseur et plusieurs ouvriers agricoles.

Un jour, alors que la Bergère était arrivée depuis quatre semaines, un troupeau de vaches devait être conduit entre une zone boisée et un grand champ de blé d'hiver, tous deux non clôturés. Tout le monde devait aider à garder les animaux sur le chemin et les empêcher de s'égarer ou de brouter les jeunes pousses de la future récolte. Le tracteur, avec sa remorque, déverserait des granulés de nourriture pour attirer les vaches pendant que les employés et la Bergère flanqueraient le troupeau de part et d'autre afin de le maintenir au bon endroit. Le berger, Noel, qui connaissait la jeune Bergère depuis maintenant un mois, lui a suggéré de monter le cheval comme à son habitude. Les hommes marchaient en groupe, Noel parmi eux, et la Bergère suivait sur sa monture. Ils bavardaient, riaient et se tapaient dans la main. La Bergère sentait qu'il allait se passer quelque chose, mais elle ne savait pas quoi. Lorsqu'ils ont commencé à déplacer le troupeau sur le chemin de terre derrière le tracteur, les hommes se sont déployés en éventail pour encadrer les animaux. La Bergère venait en queue, alerte, guettant si son aide était nécessaire pour empêcher les bêtes de divaguer. Alors qu'ils approchaient de la zone où il manquait des barrières pour protéger la partie boisée d'un côté et le champ de l'autre, l'un des hommes a glissé. Il est tombé dans le fossé, ce qui a effrayé les vaches. Elles se sont écartées brusquement et ont avancé alors dans les bois. La Bergère a pressé les flancs de son cheval, s'est penchée sur son encolure, puis est partie au galop entre les arbres pour ramener les bêtes vers la piste. Elle filait, contournant les troncs, évitant les branches et les jeunes pousses qui la cinglaient afin de rattraper la tête du troupeau. Tout en grâce, elle a fait rebrousser chemin au bétail pour qu'il se dirige vers le chemin, où les hommes étaient restés plantés.

Après cet épisode, plus rien de mémorable ne s'est produit, et ils ont mené sans encombre le troupeau dans une pâture fraîche. Puis Noel et les autres se sont entassés dans la remorque. La Bergère les a suivis à cheval jusqu'à la cour de ferme. Noel semblait vraiment content : il ramassait de l'argent que les autres lui donnaient.

— Qu'est-ce qui se passe ? a demandé la Bergère.

— J'ai parié que tu resterais sur le canasson ! Pis les autres, ben ils ont parié que t'allais tomber, pis ils ont même essayé de faire peur aux bêtes pour qu'elles te fassent tomber, alors j'ai parié encore quand t'es partie à travers les arbres ! Pis j'ai gagné un sacré paquet !

— Tu pourrais m'en donner une partie, vu que c'est moi qui t'ai fait l'emporter les deux fois.

— P'têt ben que oui, p'têt bien que non, a répondu Noel.

Noel a enseigné beaucoup à la Bergère sur les soins à donner aux moutons. Pour autant, ce n'était pas la première fois qu'elle était en butte au sexisme dans le milieu agricole. Elle était devenue l'avocate des femmes d'agriculteurs dans ce monde très masculin. En fait, comme l'exploratrice Isabella Bird, elle avait toujours cherché des emplois que certains considéraient comme le pré carré des hommes. Elle m'a même raconté qu'une fois, elle avait postulé pour intégrer une équipe de nettoyage, après la première guerre du Golfe. C'était un emploi très bien payé qui consistait à décrasser les champs de pétrole en feu. Cela lui a été interdit, car les femmes ne pouvaient être employées qu'à la cuisine ou à la blanchisserie, et la Bergère s'y refusait. Elle n'a jamais accepté l'idée qu'une femme ne puisse pas accomplir les mêmes tâches qu'un homme.

À présent, alors qu'elle vit en Irlande en tant que femme agricultrice à la tête d'un troupeau de moutons, la Bergère a appris que, même si ses voisins et collègues se montrent toujours gentils et serviables, il leur arrive, de temps à autre, de la regarder avec condescendance. Elle raconte souvent comment un homme, qui était en visite à la ferme, a demandé à parler « au patron ». Elle l'a aussitôt remis à sa place, sans crainte du fort courant de misogynie qui traverse encore le monde agricole irlandais. Tout comme moi, en tant que Chat de Berger, je lutte pour l'équité avec mon équipe canine, la Bergère cherche à être à égalité avec les hommes de son milieu professionnel.

En réaction face à ces préjugés anachroniques contre les femmes agricultrices, la Bergère a récemment participé à la création d'un groupe de soutien appelé *Women of the Land*. Elles ont baptisé leur antenne locale *South-East Women in Farming Ireland*, ou SEWIF. Lorsqu'elles se sont réunies pour trouver une idée de logo, la Bergère a proposé des gerbes de blé qui reprennent la forme d'un sourcil féminin. Ce symbole doit rappeler aux fermiers des deux sexes la déesse Áine, qui veille sur les herbes, les céréales et l'agriculture primitive.

La Bergère a continué à encourager les femmes du monde rural à s'élever au-dessus du rôle de comptable non rémunérée, ou de celle qui nourrit « juste » les veaux, ou qui se tient « juste » dans un coin pour empêcher le troupeau de vagabonder hors du chemin désigné. Elle incite ces femmes éduquées à prendre le titre honorifique de « fermières ». Elles ne sont pas « juste » quelque chose, elles sont agricultrices à part entière.

Un jour, la Bergère a été invitée à parler lors d'une rencontre du SEWIF pour aider les femmes de sa communauté à trouver le courage d'affirmer leur fierté de fermières. Pour les inspirer, elle a évoqué l'histoire et l'évolution de l'agriculture. Elle leur a rappelé qu'autrefois, leurs ancêtres appartenaient à des tribus de chasseurs-cueilleurs qui parcouraient de vastes terres sauvages. Les femmes avec leurs enfants ramassaient des céréales, des fruits, des noix et des racines. La Bergère était frappée par l'idée que c'étaient peut-être bien ces premières femmes qui avaient transformé la cueillette en un riche savoir-faire et qui avaient également développé les compétences pour s'occuper des bêtes. Des femmes qui allaitaient leurs propres enfants pouvaient très bien avoir partagé leur lait avec des animaux – agneaux ou chevreaux orphelins, par exemple –, car c'est un thème que l'on retrouve couramment dans l'histoire et qui a été pratiqué par de nombreuses tribus partout dans le monde. Donc, ce serait logique, d'après la Bergère, que ces animaux allaités aient d'eux-mêmes suivi ces femmes cueilleuses. Après tout, de nos jours, les agneaux orphelins suivent comme des toutous la personne qui les nourrit. De même, beaucoup de chattes ont élevé des couvées de bébés œuf-théticiennes, ou des portées de bébés lapins ou hérissons.

Il semble probable que, lorsque les humains se déplaçaient, ils aient gardé et utilisé davantage d'animaux pour nourrir la tribu. Les femmes auraient continué à ramasser des céréales pendant que les hommes conservaient la responsabilité de chasser et de protéger le groupe. Cette division du travail aurait permis aux femmes de devenir les bergères de petits troupeaux, qui les auraient suivies pour être nourris. Ainsi a commencé la dépendance des animaux vis-à-vis de ces premières agricultrices qui, selon la Bergère, ont domestiqué leurs troupeaux acquis de fraîche date. Et ces bergères auraient fini par observer que, là où les animaux avaient laissé leurs déjections, l'herbe poussait plus drue, plus verte et plus sucrée. Alors, pourquoi ne pas laisser tomber quelques graines de céréales sur le sol près des crottins ? À leur retour, elles auraient trouvé des céréales plus denses grâce à cet engrais naturel.

Ainsi, être fermière au féminin avait fini par s'inscrire dans le sang de ces femmes comme une forme d'évolution, si vous voulez. Qu'elles adhèrent ou non à cette théorie, les femmes de l'assistance se sont trouvées énergisées par ce rôle central dans l'agriculture, et confiantes à l'idée d'être capables, encore aujourd'hui, de prendre les rênes de leur exploitation. Les femmes ne détiennent peut-être que treize pour cent des fermes d'Irlande (et ce chiffre exclut les fermes appartenant à des propriétaires des deux sexes), mais cette proportion de paysannes ne reflète pas leur considérable contribution à l'agriculture du pays. Aussi, de nombreux hommes possèdent la ferme et le troupeau, qui sont à leur nom, mais travaillent à l'extérieur de l'exploitation, alors que les femmes tiennent la ferme, mais ne se qualifient pas de fermières.

Le sexisme mis à part, en travaillant avec Noel, la Bergère a acquis beaucoup de connaissances sur l'entretien des moutons. Elle a appris à distinguer une brebis sur le point d'agneler avec facilité d'une autre qui serait en détresse. Une fois, elle est partie inspecter brebis et agneaux, deux prés plus loin que les bergeries de mises bas. Elle montait à cru son cheval, avec l'une des filles du gérant assise devant elle. Elle a entendu une brebis appeler à l'aide et, aussitôt, s'est dirigée vers l'imposante bergerie. Elle a passé les jambes par-dessus la croupe de sa monture et a sauté pour atterrir avec grâce sur le sol. Elle a ensuite fait descendre la petite fille et a rabattu les rênes par-dessus la tête du cheval pour les confier à sa jeune compagne, à qui elle a demandé de tenir l'animal. Puis elle a escaladé une grille pour entrer dans l'édifice. Elle a trouvé la brebis qui souffrait et lui est venue en aide. Puis elle a installé les agneaux nouveau-nés et leur mère dans la nursery et s'est lavé rapidement les mains. Ensuite, elle est remontée sur son cheval et a repris son tour avec la fille du gérant, le tout en moins de vingt minutes.

— Comment tu as su que quelque chose n'allait pas ? a demandé l'enfant.

— J'écoutais. Avec le temps, tu apprends à reconnaître les différents bêlements des moutons. Ils ne font pas le même bruit quand la nourriture arrive ou quand elle est en retard. Quand une brebis appelle son agneau, ce n'est pas le même son que deux brebis qui discutent d'un enclos à l'autre. Lorsqu'une brebis a des difficultés à accoucher, elle pousse un cri très distinctif de détresse. C'est comme ça que les moutons se parlent entre eux et s'adressent à nous. En tant que bergers, nous devons apprendre à comprendre ces différents appels. Écoute attentivement, et tu sauras identifier les cris et leur signification.

# PARTIE III

# AUTOMNE

# 7

## Ciel moutonné

Le changement de saison me rappelle un vieux dicton : « Après la pluie, le beau temps. » Le ciel pommelé nous indique que le vent amène de la pluie. Un autre proverbe que la Bergère affectionne est : « À brebis tondue, Dieu mesure le vent. ». Certes, cela signifie surtout que le destin ne s'acharne pas sur les plus faibles, mais, pour une éleveuse de moutons, c'est amusant. Elle me dit aussi qu'en France, on appelle ce genre de ciel un « ciel moutonné », et en Espagne, cielo empedrado, « ciel pavé ». En Allemagne, on dit schäfchenwolken, « nuages-moutons », et en Italie, pecorelle, « petits moutons ».

Quand on travaille avec la terre ou des animaux, il vaut mieux savoir ce que le temps nous réserve. Cela permet de se préparer aux tâches à venir, comme de répandre de la chaux pour aider le sol à faire pousser de la bonne herbe ou attendre que la pluie assouplisse la terre et nous rende le travail plus facile s'il s'agit, par exemple, de bêcher.

Septembre rappelle également à la Bergère – et à moi par la même occasion – un problème récurrent – et insoluble – de notre terre : les chiens qui s'aventurent dans les pâtures des moutons. Évidemment, vous pensez que je dis ça uniquement parce que je suis un chat, mais la Bergère tient à ce que je vous explique en quoi le problème est sérieux. Dans le voisinage, nous avons connu plusieurs incidents avec des chiens qui tuent des moutons. Il y a quelques années, dans un rayon de trois kilomètres autour de notre ferme, trois troupeaux ont perdu des bêtes, tuées par de « gentils toutous ». Seul l'un des fermiers se trouvait dans les parages lorsque deux chiens sont entrés dans sa pâture et ont tué certains de ses animaux. Par chance, il a pu tirer et abattre les deux agresseurs… un acte qui vous semble peut-être cruel, mais qui, malheureusement, est absolument nécessaire.

Et c'est la loi rurale : en Irlande, les éleveurs ont le droit d'abattre n'importe quel chien qui entre dans leurs pâtures et perturbe leurs bêtes.

Mais les moutons tués ne sont pas les seuls à subir l'attaque et ses conséquences. Les brebis qui en réchappent sont tellement traumatisées par la mort de leurs congénères qu'elles font de fausses couches. Elles ne sont plus jamais capables de se reproduire. Les survivants perdent leur équilibre psychologique et deviennent difficiles à gérer, car ils sont désormais sensibles au plus petit stress. Comme un chien qui, ayant attaqué une fois – et a senti l'excitation de son patrimoine génétique de loup lui courir dans les veines –, renouvellera sans nul doute cet acte, un mouton agressé revient à son instinct de proie, d'animal chassé. Et, m'a expliqué la Bergère, bien que les moutons d'aujourd'hui soient issus de sélections séculaires pour produire des bêtes de toutes les formes et de toutes les tailles, ils ont surtout été choisis pour devenir des animaux de troupeau. Mais cela n'empêche pas qu'au plus profond de leur ADN, ils gardent une tendance à s'éparpiller devant les prédateurs plutôt qu'à se rassembler.

Une fois, la Bergère a assisté à ce phénomène en compagnie de sa grand-mère, alors qu'elle visitait un projet de jardin partagé non loin de Black Sheep Farm. Lorsqu'elles sont arrivées, elles ont découvert une scène de chaos, avec des gens et des moutons qui couraient partout. Les moutons refusaient de se regrouper et continuaient à se disperser dans toutes les directions. Il s'est avéré que les jardiniers avaient fait pousser de la marijuana. Puis des moutons s'étaient échappés de leur pâture pour entrer dans le jardin, avaient goûté la marie-jeanne et l'avaient trouvée particulièrement délicieuse. Ils l'avaient donc entièrement ratiboisée. Il semblerait donc que le retour à l'instinct de dispersion se produise également lorsque les moutons ont envie de se défoncer au cannabis.

Il y a quelque temps, un fermier du voisinage est entré dans notre cour pour bavarder avec la Bergère. Confortablement allongé sur un bon gros paquet de foin tombé d'un ballot, j'ai entendu ce qu'il racontait. Il avait remarqué les propriétaires d'un chien, regardant leur petit yorkshire – qui avait tout d'un rat en réalité – courir après son troupeau. Ils riaient en observant leur minuscule toutou, qui semait la panique parmi les brebis gestantes.

Lorsqu'il leur avait demandé de rappeler leur chien parce qu'il effrayait ses bêtes, ils lui avaient ri au nez :

— Ce n'est qu'un minuscule yorkshire ! Quel mal il pourrait leur faire ?

Ça commençait à chauffer, et il leur avait répondu :

— Je vais aller chercher mon fusil et abattre votre clébard si vous ne le rappelez pas et ne le contrôlez pas !

— Et nous, on appellera la *gardaí* si vous faites ça.

La *gardaí*, c'est la police des humains en Irlande.

— Ne vous gênez pas. Vous verrez que j'ai le droit légalement de tirer sur un chien qui marche simplement au milieu de mes moutons, sans parler de leur courir après et de les déranger, comme le vôtre !

Ensuite, la conversation n'avait fait que dégénérer, les propriétaires du chien se montrant de plus en plus obtus et grossiers. Le stress éprouvé par les moutons n'avait rien à voir avec la taille du chien. La panique monte si rapidement que les moutons risquent d'en mourir, car ils s'affolent et se précipitent dans un coin du pré. Ils ont tendance à se grimper les uns sur les autres pour se mettre à l'abri.

Je serais anéanti si des chiens venaient tuer des membres de mon troupeau. À l'époque de cet incident, quand les *serial killers* canins décimaient les cheptels de nos voisins, le nôtre était encore tout petit. Nous avions commencé avec seulement quatre zwartbles. Et, au début, alors que le nombre s'accroissait peu à peu, nous connaissions chacune de nos bêtes par son numéro et par un petit nom. Je ne sais pas comment la Bergère invente les noms qu'elle donne à certains de nos moutons ou de nos chevaux, mais je sais *pourquoi* elle le fait. En effet, les zwartbles sont une race rare, et chaque bête a son pedigree, qui inclut les noms de ses parents, grands-parents et arrière-grands-parents. Cela permet d'éviter la consanguinité, qui se produit lorsqu'on fait se reproduire la mère avec le fils, ou la fille avec le père ou le grand-père. Le nom des animaux doit commencer par une lettre, choisie chaque année par la Zwartbles Sheep Association. Par exemple, en 2018, c'était l'année des F.

Cela dit, ça n'empêche pas la Bergère de donner à chaque mouton un surnom lié à une caractéristique, un défaut ou une qualité. Prenez Aggee, par exemple, dont le nom a une histoire, que je vous raconterai plus tard, au moment de l'agnelage, alors soyez patients. Sa mère n'est pas une zwartbles, mais un mélange issu d'un bélier texel et d'une brebis suffolk. C'est l'une des dernières représentantes du troupeau originel de la Bergère : elle est la fille de l'une des premières brebis suffolk offertes et sur laquelle Oscar a veillé, sous la lampe chauffante, il y a si longtemps. Cette brebis suffolk est appelée Mrs Yeti, car elle est grande et blanche, qu'elle a un caractère bien trempé et une tendance à ne pas vraiment faire ce que la Bergère voudrait qu'elle fasse. En général, le troupeau la suit au lieu d'aller là où il le devrait. La Bergère lâche une bordée d'injures et, quand ça arrive, Le Grand s'éloigne à toute vitesse, la queue entre les jambes et s'allonge hors de sa vue, l'air coupable. Il croit qu'il a fait une bêtise. Ours s'allonge où il est et ne bouge plus, à moins que les moutons menacent de le piétiner. Pepper essaie de s'approcher de la Bergère et de s'appuyer contre sa jambe pour tenter de calmer sa fureur contre Mrs Yeti. Ou bien, il lui donne un gros coup de museau à l'arrière du genou pour la distraire.

Un autre exemple de surnom de mouton est la Harpie du Nord. La Bergère l'a achetée en Irlande du Nord alors qu'elle n'avait qu'un an. C'était une brebis toute mignonne, avec un pedigree qu'on ne retrouvait pas dans notre troupeau, et elle semblait donc être une acquisition parfaite. Mais, une fois de retour avec elle à Black Sheep Farm, la Bergère s'est aperçu que la médaille avait un revers. Dès qu'il était l'heure du repas ou que la nourriture était trop longue à arriver, cette brebis entonnait une sorte de « bêêêh » à trois tons, qui s'achevait par un hurlement aigu. Elle ne se taisait que lorsque la mangeoire était remplie et qu'elle pouvait se gaver comme un goret.

Il y a aussi Fifi Brindacier, Fifi pour les intimes, appelée ainsi parce qu'elle a deux longues chaussettes blanches. Elle est née l'année des W, et se prénomme officiellement Whippoorwill, qui est le nom d'un oiseau américain.

Je suis Bodacious.
Voici mon équipe
de collaborateurs.
De gauche à droite :
Pepper, Ours et
Le Grand.
C'est moi, le patron…
alors, pas de bêtises !

Mon apprenti, Manique, en train de découvrir l'art de soigner les sabots d'un agneau. Mais il veut surtout savoir quand il sera autorisé à retourner dans la chaleur de la cuisine pour une petite sieste.

Miss Marley évalue la laine d'une toison fraîchement tondue.

Je vous présente notre nouvelle recrue ! Inca, la minuscule Flaquetrice.

La Bergère en train de paresser… Parfois, j'ai l'impression que je suis le seul qui bosse vraiment, ici, et je ne me prive pas de le lui dire ! (Crédit photo : Julia Crampton)

En voilà, un drôle de mouton, avec ce long cou…
Ah, ça doit être le nouvel alpaga.

Pourquoi tu nous as fermé la grille
au museau ?

En train de surveiller l'une
de mes œuf-théticiennes.

Tout ce travail pour ça ? Je crois que j'ai bien mérité mon œuf, et je sais qu'il y en a plein dans le seau ! Laisse-moi me servir !

Assis ! Pas bouger !
Ils m'obéissent à la griffe et à l'œil.

Compter les moutons,
ça fait dormir…

Un bon conseil de berger : ne jamais avoir peur de camper sur ses positions et de montrer qui est le patron. Même s'ils sont deux fois plus gros que vous.

Arrête de fraterniser avec le personnel.
Tu sapes mon autorité !
(Crédit photo : Susan Wilde)

Tester le sol, c'est obligatoire,
alors autant que ça se fasse
de manière agréable…

De temps à autre, on se retrouve contre son gré à se bagarrer avec les collègues. Et oui, j'ai une griffure sur le nez, mais si vous aviez vu dans quel état j'ai mis l'autre !

Parfois, c'est impossible
d'inculquer des manières
à un cheval. Ce n'est pas faute
d'essayer, croyez-moi…

Distribution de
pommes tombées pour
mes agneaux.

Il paraît que j'ai
des yeux charismatiques
et que je me fais obéir
d'un seul regard.

Rentrer le foin avant la pluie, c'est surtout une affaire de travail d'équipe et de préparation.

Manique aime garder les fragiles agneaux nouveau-nés lorsqu'on les met à chauffer et à sécher dans l'Aga.

Qu'est-ce que vous regardez, vous ? Je suis en train de bosser sur mon livre et personne n'a le droit de lire ma prose tant que ce n'est pas fini, compris ?

Mes moutons ne savent pas que je les surveille, mais c'est le cas… Sans relâche, je les observe et les compte.

Pepper et moi, nous formons une bonne équipe. Je suis toujours sur le siège conducteur, et lui sur le porte-bagages du quad.

Un moment de calme, assis parmi les jacinthes des bois et le cerfeuil sauvage, sous un châtaignier en fleur.

Elle sait très bien prendre la pose et a servi de nombreuses fois de mannequin à la Bergère pour des couvertures ou des pelotes. Quand nous recevons des visiteurs, ils adorent faire sa connaissance et n'ont aucun mal à la repérer avec ses chaussettes jusqu'aux genoux.

Tout ça pour dire que nous connaissons chacune de nos bêtes par son nom et sa personnalité, ce qui rendrait encore plus tragique qu'il leur arrive quelque chose. Quand nous avons appris que des moutons du voisinage avaient été tués, et que le voisin nous a raconté que des chiens embêtaient ses moutons, la Bergère a décidé de prendre les choses en main.

Elle se demandait de quelle façon mieux protéger notre troupeau, et a pris la décision d'apprendre comment faire. Elle a découvert qu'il existe quatre manières de protéger les moutons sans pour autant être jour et nuit dans les prés. L'une d'elles consiste à trouver une race de chien qui vit au milieu du troupeau, comme un membre à part entière, et met en fuite les animaux et les humains qu'il perçoit comme des prédateurs. Ces chiens diffèrent de races plus connues comme le kelpie, le huntaway ou le border collie. Parmi eux, on trouve le chien de montagne des Pyrénées ou patou, le komondor avec ses poils qui font penser à une serpillière et le protègent du froid, et le gigantesque berger de Maremme et Abruzzes… Ils travaillent surtout dans les régions où les moutons sont menacés par des ours, des loups, des pumas et des coyotes. Mais ces races sont trop chères et difficiles à faire venir en Irlande.

La Bergère a eu vent alors qu'une couple de lamas d'Amérique du Sud pourrait remplir la même fonction. Ces animaux, originaires des Andes, appartiennent à la famille des camélidés. Ils sont assez grands et ont la fâcheuse habitude de cracher sur leurs gardiens. Sur le même continent, on trouve également les alpagas : faciles à apprivoiser et plus gérables que les lamas, ils sont aussi plus petits et plus dociles. Ils viennent des plus hauts sommets des Andes, au Pérou, et font d'excellents protecteurs de troupeaux. Ils ne sont pas avares de coups de sabot : ils frappent sans crier gare, et leurs sabots pointus peuvent tuer un renard ou un chien errant. Pour ne rien gâcher, ils ont une toison merveilleusement douce et chaude. La quatrième espèce est celle des ânes, très protecteurs et connus pour tuer les renards et les chiens en leur brisant le dos d'un coup de sabot antérieur bien placé.

La Bergère a décidé que le mieux pour les zwartbles serait des alpagas, et elle a contacté Hushabye Farm, dans les contreforts de la magnifique chaîne montagneuse de Slieve Bloom, au sein du comté d'Offaly. Dans ce bel endroit, on élève les alpagas avec succès. La Bergère s'est rendue au centre de l'Irlande pour les regarder et voir si ces animaux pourraient nous convenir. On trouve des alpagas de nombreuses couleurs, mais elle pensait que le noir serait le plus en accord avec nos moutons de la même teinte. En outre, elle se disait que la laine d'alpaga était une si jolie fibre qu'elle se mélangerait à merveille avec celle des zwartbles, aussi bien en matière de texture que de couleur.

Dans cette mignonne petite ferme, la Bergère a trouvé deux beaux alpagas mâles qu'elle avait envie de ramener chez nous. Le fermier de Hushabye et sa fille lui ont demandé s'ils pouvaient les garder encore un peu pour lancer leur apprentissage du licol. La fille du fermier était très jeune, mais elle était capable d'autant de fermeté que de douceur avec ses animaux. Lorsqu'ils sont arrivés à Black Sheep Farm, elle a passé aux deux alpagas un licol avant d'ouvrir la porte de leur remorque et de les faire descendre. Une fois qu'ils ont été installés dans leur écurie avec du foin, de l'eau et quelques granulés pour moutons à grignoter, la jeune fille a dit tendrement au revoir à nos deux nouveaux compagnons avec un gros câlin à chacun.

La Bergère a gardé les alpagas à l'écurie pendant dix jours afin de favoriser leur adaptation. Cela lui facilitait aussi la tâche pour les attraper et leur passer le licol. Ils n'ont pas tardé à s'acclimater, mangeant de bon cœur foin et granulés, un signe que leur nouvelle maison n'était pas trop mal. Les alpagas sont très curieux, mais timides lors des premières rencontres. Ils considèrent les inconnus comme des êtres étranges, peut-être désagréables. Ils sont très sensibles au niveau de leur tête et détestent qu'on la touche. Pour les habituer au contact humain, il faut les caresser derrière les oreilles, sur le cou et le dos.

La première étape pour que la Bergère et les alpagas « s'apprivoisent » était de les nourrir deux fois par jour. Elle apportait des granulés, qu'ils mâchonnaient d'un air pensif.

Ils ont fini par les apprécier au point qu'ils se mettaient à les chercher dès que la Bergère entrait dans l'écurie. Aussi, comme elle est très maline pour une humaine, elle a accru l'intervalle entre son entrée et le moment où elle remplissait leur seau de nourriture. Elle leur tendait une poignée de granulés afin de les inciter à manger dans sa main et à s'accoutumer à ce contact. Ils ont vite pris l'habitude d'enfouir leurs doux naseaux dans ses mains pour grignoter l'offrande.

Ensuite, la Bergère a continué l'entraînement comme à Hushabye, deux fois par jour, en leur mettant le licol pour une petite séance de marche guidée. Elle est passée progressivement à une seule séance, constituée d'une longue promenade. Avec sa douceur et son talent pour convaincre les animaux de bien se tenir et d'accepter des contraintes comme le licol et le harnais, elle a profité de moments de plus en plus longs avec eux. Il ne leur a pas fallu longtemps pour s'habituer à elle et à leur nouvel environnement.

Prendre le temps de dresser les alpagas, avant de les faire sortir dans les pâtures avec les moutons, allait grandement faciliter la gestion du troupeau par la suite. Il était essentiel de pouvoir aisément séparer les alpagas des moutons lorsque ceux-ci devaient recevoir un traitement. En outre, si les alpagas sont en confiance avec un humain, ils se laisseront manipuler pour leurs propres soins : administration d'un vermifuge, entretien des sabots et des dents, tonte.

Un jour, la Bergère a emmené les alpagas pour une marche plus longue, dans une grande pâture en pente raide, qui descendait vers une route étroite. Alors qu'elle passait devant un grand chêne en direction de la voie, un tracteur, suivi d'une grosse remorque chargée d'énormes balles de foin, roulait au pied de la colline. La Bergère a vu que le conducteur était si médusé par nos bizarres créatures au long cou qu'il a perdu le contrôle de son véhicule et a manqué de s'écraser contre le muret de pierres qui bordait la route. Prenant conscience de la catastrophe imminente, il a réagi avec excès par un violent coup de volant qui a failli l'expédier dans le fossé, de l'autre côté. La Bergère a passé le reste de la journée à rire sous cape en imaginant les pensées qui devaient se bousculer dans la tête du pauvre homme. Elle se le représentait en train de dire à ses amis : « Vous savez, la dame un peu folle avec ses moutons noirs ? Eh ben, aujourd'hui, elle baladait deux drôles de trucs en laisse. J'étais tellement estomaqué que j'ai presque fini dans le fossé ! »

Cette histoire rappelle toujours à la fermière la réaction de l'un de ses voisins devant ses nouveaux protégés. Elle a reçu, un jour, un texto peu après les premières sorties des alpagas :

« Qu'est-ce que tu as fait à tes moutons ? »

« Comment ça ? » a-t-elle répondu.

« Tu les as étirés en les suspendant par la tête ? On dirait que leur cou a poussé. »

On peut dire que tout le voisinage ne parlait que de ça !

Il fallait encore habituer les alpagas au contact avec d'autres humains, ce qui ne posait pas de problème, car les volontaires ne manquaient pas. Un bon nombre d'amis sont venus avec leurs enfants pour admirer les deux coqueluches du moment, avec leur long cou et leurs yeux de biche. Même s'ils étaient un peu impressionnés au début, ils ont bien supporté la foule.

La phase suivante a consisté à mener les alpagas dans un pré afin qu'ils se familiarisent avec les moutons, et réciproquement. La Bergère ne voulait pas les lâcher dans la pâture trop tôt de crainte qu'ils donnent un coup de sabot à une brebis gestante. Le coup de sabot de l'alpaga est son principal atout pour protéger les moutons et éloigner chiens et renards. Contrairement aux vaches, ânes et chevaux, qui indiquent par un changement de posture – au niveau du dos ou des oreilles – qu'ils s'apprêtent à passer à l'attaque, l'alpaga ne semble jamais prévenir qu'il est sur le point de frapper.

Chaque espèce considérait l'autre comme vraiment bizarre, et c'était très clair dans leur langage corporel. Lorsque les alpagas ont vu les moutons pour la première fois, ils ont eu l'air de se dire : « C'est quoi, ces trucs sans cou ? » Une brebis zwartbles en état de choc a pensé : « Mais qu'est-ce que c'est que ces machins au long cou ? Eh, les copines, venez voir ces drôles de bidules ! » Les deux alpagas étaient inquiets : « Pssst, je crois qu'on devrait filer avant d'être entourés par ces petites choses ! » Du moins, je crois que c'est ce qu'ils disaient. Maintenant, je comprends leur langage, mais à l'époque, j'avais encore du mal.

Après quelques rencontres, les zwartbles ont fini par s'habituer aux visites des alpagas : « Bon, on dirait que ces machins nous ignorent et préfèrent traîner devant leur foin. »

« Oups, je crois que les nabots commencent à s'intéresser à nous ! » ont songé les alpagas.

« Zut, alors, ils nous suivent ! On ferait mieux de se casser ! »

Finalement, les zwartbles sont parvenus à se détendre sous les arbres pendant que les alpagas se promenaient non loin.

Ensuite est venu le moment de mettre les alpagas à l'extérieur, dans le petit enclos à côté de la pâture des chevaux. Les deux espèces se sont contemplées avec stupeur. Marco Polo, toujours raisonnable, est resté là où il se trouvait, à observer, alors que les juments galopaient partout comme des folles. Elles tournaient autour de Marco Polo, immobile d'un côté de la barrière, pendant que, de l'autre, les alpagas couraient également en cercle. La Bergère a laissé des paquets de foin frais de chaque côté de la clôture pour que chevaux et alpagas soient forcés de dîner non loin les uns des autres. C'était une précaution nécessaire jusqu'à ce que chacun comprenne qu'on pouvait vivre en bon voisinage.

Quelques jours plus tard, la Bergère a amené tous les moutons. Je me suis installé sur un ballot de foin bien situé pour surveiller les opérations pendant qu'elle séparait les brebis gestantes des autres. Nous avions décidé de faire entrer toutes les autres brebis dans le petit enclos afin que les alpagas rencontrent des moutons sur leur propre territoire. Les alpagas se sont réfugiés derrière la Bergère pour se protéger. Elle a souri devant leur anxiété, et je l'ai entendue leur dire : « Faites un effort, les mecs. Vous êtes censés les protéger. »

Enfin, il a fallu baptiser les deux garçons. J'ai fait une proposition à la Bergère : « Ce serait sympa de leur donner des noms qui rappellent leurs origines péruviennes et la civilisation inca. » Il nous a fallu un peu de temps pour réfléchir à différentes idées. Avec l'aide de Google, les deux alpagas ont pris les noms de Punchau et Inti. Inti est le plus jeune, le plus noir et le plus timide des deux, et son nom signifie « dieu-soleil donneur de vie ». Punchau, plus grand, plus vieux et plus téméraire, porte le nom du « dieu-soleil guerrier », dont l'arme est la fléchette. Ainsi, nous espérions que nos deux gardiens, Inti et Punchau, se serviraient de leurs jambes, semblables à des fléchettes, pour rouer de coups renards et chiens errants qui pénétreraient dans nos pâtures pour harceler mes moutons zwartbles. (Alors que les alpagas n'étaient pas encore habitués à mon équipe canine, ils ont flanqué à Pepper une raclée que personne n'avait vue venir, bien que nous sachions de quoi ils étaient capables.)

Et un jour est arrivé le moment où j'ai été officiellement présenté aux alpagas. La Bergère les a accompagnés dans la cour, après leur entraînement, tous deux sanglés de leur licou et tenus en laisse. Je les ai salués et les ai observés brièvement. « OK, les gars, donc vous êtes nos nouveaux gardiens de troupeau dont on parle tant… Mettons-nous juste d'accord sur un point : je suis certes en bas, et vous, avec votre long cou, vous avez la tête tout en haut ; mais le patron, c'est moi. »

Lecteur, si tu ne me crois pas, j'ai une photo qui atteste de la réalité de cette conversation. Je me suis montré très ferme. J'ai établi ma position de superviseur de la ferme lors de notre premier entretien et j'ai bien expliqué que je n'accepterais aucune familiarité de la part de ces nouveaux venus. « Je vais être clair, les gars : je suis le patron, alors pas de bêtises ! Dans cette ferme, on obéit au Chat de Berger ! »

Ensuite, les deux alpagas ont baissé la tête à ma hauteur, et l'on a discuté les yeux dans les yeux. « Voilà, ai-je dit. Vous avez compris. Inclinez-vous devant un être supérieur ! Le Chat de Berger règne en maître. »

# 8

## Souvenirs d'automne

Parfois, l'automne rappelle à la Bergère les souvenirs de sa vie d'autrefois à New York, dans les années 1980. Elle avait quitté l'université agricole et, bien qu'elle ait adoré ses études, une part d'elle-même avait envie d'essayer quelque chose de nouveau, de repousser les limites de sa maigre expérience de vie. Avant New York, elle avait surtout connu la petite localité de Charlottesville, la Virginie ou la campagne, que ce soit celle du Maryland, chez ses cousins, ou celle de Black Sheep Farm. Plus tard, comme je l'ai déjà mentionné, elle avait dressé des chevaux et travaillé comme bergère dans les comtés de Wicklow et de Carlow. Ses années d'études avaient été parfaites dans le Vermont, un peu moins en Caroline du Nord, où elle avait eu un choc en voyant brûler une croix, dans cet endroit encore influencé par le Ku Klux Klan. Il était désormais temps de changer un peu ses rêves, et quel meilleur endroit pour cela que la Grosse Pomme ?

Bien sûr, les rêves et l'ambition ne coïncident pas vraiment avec la réalité, et alors qu'elle courait sans fin les castings, on lui a souvent dit que, si elle voulait espérer décrocher un rôle dans un *soap opera*, elle devait perdre du poids. Un *soap opera*, j'imagine que c'est quand des cantatrices chantent pour un savon. Ça devait être assez dégradant, car la Bergère n'a jamais accepté. Elle a réussi à décrocher du travail dans quelques pubs télévisées, ainsi qu'un petit rôle dans une série et quelques films étudiants. En ville, au lieu de patauger dans la boue, elle s'échinait au cœur du béton, ce qui doit épuiser l'âme.

New York était un lieu exaltant pour une jeune personne, mais aussi un endroit très triste. C'était le début de l'épidémie du sida, qui a détruit tant de vies humaines. Le sida du chat est également une maladie très grave, et j'espère vraiment ne jamais la contracter. Pendant ce premier pic de l'épidémie à New York, la Bergère a vu mourir de nombreux amis de cette horrible maladie. Les gens en venaient à avoir peur de toucher le moindre objet. Certains ne quittaient plus leurs gants en caoutchouc. Ils avaient toujours sur eux une boîte de ces gants jetables, portaient des masques, buvaient avec des pailles en plastique qu'ils emportaient partout, et transportaient même leurs couverts pour manger à l'extérieur. Certains de ses amis proches ont péri de ce fléau.

Lorsque quelqu'un se plaignait d'un rhume qui ne passait pas, la Bergère savait que la personne avait contracté le sida. Ils disaient : « Je ne te fais pas la bise, je ne veux pas te donner ma grippe. » Certains avaient des éruptions rouges et violettes sur le visage, qui s'étendaient rapidement. Beaucoup croyaient que c'était une forme de cancer de la peau, mais soudain ces amis disparaissaient en silence, ou racontaient qu'ils rentraient dans leur ville natale et qu'on ne devait surtout pas les appeler, merci. De très nombreuses personnes merveilleuses, bourrées de talent et de créativité, ont été fauchées par cette malédiction. C'était une souffrance indicible. On se serait cru revenu au Moyen Âge, lorsque la peste noire emportait tant de gens. Quand chacun a commencé à craindre pour sa vie, New York s'est mise à ressembler à l'Espagne pendant l'Inquisition, avec son climat de peur et de fanatisme religieux.

La Bergère a aussi de nombreux souvenirs heureux de New York. Elle a dansé en boîte avec Sean Penn et Madonna à l'époque où ils étaient ensemble. Elle traînait avec l'écrivain James Purdy, dont les mains semblaient avoir été peintes par Egon Schiele. Elle dînait et sortait au théâtre avec le dernier secrétaire et amant de Tennessee Williams, peu après la mort de celui-ci. Elle passait aussi du temps en compagnie de Lou Reed, avec qui elle avait un ami commun.

À New York, la Bergère a exercé toute une variété de métiers : serveuse, barmaid, mannequin, actrice, assistante-réalisatrice et régisseuse, pour n'en citer que quelques-uns. Elle a été régisseuse ou assistante dans différentes productions de la scène off de Broadway, dans des théâtres situés au fond de venelles sombres, où l'on devait parfois enjamber ou contourner des humains occupés de lubrique manière.

La Bergère a des souvenirs très vifs du Westbeth Artists Community Theater, dans le West Village, où elle a travaillé quelque temps. Le théâtre se trouvait dans un immeuble connu pour avoir été l'atelier d'un inventeur célèbre, Thomas Edison. Il a élaboré tout un tas d'inventions pas très utiles pour un chat comme moi, mais les humains d'aujourd'hui dépendent beaucoup de l'une d'elles : l'ampoule électrique. Je n'ai jamais besoin d'ampoules, car je vois dans le noir. C'est comme pour le téléphone, auquel les humains sont accros : je n'en ai pas l'usage non plus. Quand j'ai besoin de quelque chose, je le dis ; et s'il n'y a personne, je me sers. La Bergère m'a raconté que le premier message enregistré par Thomas Edison était la comptine *Mary Had a Little Lamb*, qui parle d'un agneau. J'en suis toujours surpris. Quand j'entends ma voix dans une vidéo filmée par la Bergère, je suis fier de mon travail avec les moutons. Je constate à quel point j'explique bien ce que je fais avec et pour nos bêtes afin de satisfaire la curiosité de mes abonnés sur les réseaux sociaux. Par ailleurs, Edison a aussi inventé un nouveau type de ciment, très supérieur à l'ancienne formule. C'est celui que nous utilisons pour réparer nos murs de pierre.

Si la Bergère se souvient de Westbeth avec une tendresse particulière, c'est parce que le fermier irlandais bouclé, évoqué plus tôt, lui a rendu visite dans ce lieu un été, et qu'elle lui a trouvé un boulot dans la création de décors pour la pièce sur laquelle elle travaillait. Il lui a renvoyé l'ascenseur des années plus tard en lui offrant les premiers agneaux de Black Sheep Farm.

Le principal revenu de la Bergère provenait de ses emplois dans deux petits bars-restaurants de West Greenwich Village, à Manhattan. Le *Cottonwood Cafe*, au coin de Bleecker Street et de Bank Street, servait une carte tex-mex, de la bière et des margaritas. *Automatic Slims*, sur Washington Street, passait toujours du bon blues et de la musique de style cajun, et proposait de délicieux steaks fumés et grillés, accompagnés de légumes frais. Elle aimait y servir les repas et tenir le bar. Un jour, quand des épis de maïs sont arrivés tout droit de la campagne à *Automatic Slims*, la Bergère a surpris tout le monde en attrapant un épi de la variété Silver Queen et, après avoir arraché les feuilles, en dévorant les grains crus, le jus lui coulant sur le menton. Elle avait quitté la ferme, mais la ferme ne l'avait pas quittée.

*Cottonwood* et *Automatic Slims* ne se trouvaient qu'à quelques rues du quartier de Meatpacking District, connu pour ses prostituées bon marché et ses bars à la clientèle masculine en blouson de cuir, cols à clous et chaînes, sous la Manhattan High Line. Il ne ferait pas bon de s'y aventurer pour un petit félin à moustache.

Quand j'ai vraiment trop chaud pendant nos occasionnelles canicules en Irlande, la Bergère affirme que ce n'est rien comparé à l'humidité oppressante d'un été à New York, qui vous rendrait presque claustrophobe. Elle dit qu'on se croirait alors dans la forêt tropicale, où, me raconte-t-elle, les averses apportent quelques instants de fraîcheur. Oui, oui, je sais qu'il faut faire attention aux sangsues dans les sources, ruisseaux et torrents de la forêt équatoriale, mais au moins, on peut s'y rafraîchir.

Une fois, la Bergère m'a raconté le bonheur de voir arriver un orage lors d'un épisode de sécheresse particulièrement torride dans la grande ville. Elle marchait sur l'une des grandes avenues lorsque, soudain, de grosses gouttes se sont écrasées, sifflant presque, sur le trottoir brûlant, qui s'est mis aussitôt à fumer. Les autres piétons ont couru s'abriter sous des auvents ou dans des magasins pour échapper au déluge. Mais, au lieu de tenter de rester au sec, la Bergère s'est délectée de la senteur terreuse et fraîche qu'apportait la pluie depuis l'endroit où elle s'était évaporée. Elle s'est mise à courir et à danser dans la rue, en chantant *Singing in the Rain* comme un délicieux souvenir de Gene Kelly dansant sous un orage parisien de carton-pâte. De leurs abris, les gens lui souriaient, riaient et applaudissaient. « Venez, venez, profitez de cette merveilleuse manne que le ciel nous envoie ! » criait-elle. Plusieurs personnes se sont jointes à la danse. La tête levée pour mieux sentir la pluie, ils prenaient plaisir à ce moment de fraîcheur et chantaient avec elle le refrain. D'autres hésitaient, car ils n'avaient « pas de tenue de rechange », ou bien « leur patron allait les tuer s'ils revenaient trempés au bureau ».

Récemment, la Bergère est rentrée d'un séjour à New York. Elle était retournée dans cet appartement où elle dormait sur une étagère, au-dessus de la salle de bains. Elle avait retrouvé Tina, une actrice qui avait été sa colocataire et qui vivait toujours là, trente-cinq ans plus tard. Elles avaient passé du temps à se remémorer cette époque et à se dire que New York avait bien changé depuis. Je trouve que, les souvenirs, c'est juste de la nostalgie superficielle. Je préfère me concentrer sur le futur proche : quand la Bergère va faire sa prochaine ronde pour voir les moutons, l'écurie, les bergeries et les pâtures, où je vais trouver ma prochaine souris, et surtout si la Bergère va me donner un œuf cru pour le petit déjeuner. Mais bon… Contrairement à nous, les humains aiment s'embarquer pour de longs voyages dans le temps des souvenirs.

Tina et la Bergère ont reparlé du règlement de comptes qui avait eu lieu juste devant la porte de leur immeuble. Alors qu'elles rentraient chez elles, elles avaient entendu un bruit, comme une sorte « pop-pop-pop ». En regardant dehors, elles n'avaient rien vu d'inhabituel et avaient pensé que c'était juste une voiture dont le moteur avait des ratés. Ce n'est que le lendemain matin que le mort avait été découvert. La rigidité cadavérique était déjà à l'œuvre. Tina et la Bergère, postées à leur fenêtre, avaient regardé le corps raide que l'on extirpait d'une voiture. Il avait fallu scier le volant pour le libérer et l'on avait dû l'enfouir avec lui dans le sac mortuaire.

Ici, à Black Sheep Farm, nous connaissons tous la mort et les blessures. Lorsque l'un de nos animaux succombe pendant la nuit, nous le trouvons, le lendemain matin, raide et gelé, dans la position où la mort l'a saisi. En général, la

Bergère essaie de le couvrir avec une bâche en plastique avant que pies et corneilles viennent en faire un festin. La famille des corvidés est connue pour picorer les yeux des moutons faibles, morts ou vivants. Parfois, les mises bas ont lieu en plein air. La brebis peut donner naissance à des jumeaux. Le premier naît en bonne santé, et la brebis commence à le nettoyer et à le sécher. Puis le deuxième réclame son attention et entame son trajet vers la sortie. La brebis reste auprès du premier-né, mais elle est occupée à expulser le deuxième bébé. C'est à ce moment-là que les corvidés attaquent. L'agneau, livré à lui-même, est une cible idéale. N'importe quel corvidé viendra sautiller tout autour de lui, à la recherche du meilleur angle pour manger un œil ou un morceau de chair fraîche. Si je suis dans les parages, je m'approche de l'oiseau, qui bien souvent ne me voit pas avant que je lui saute dessus. Quand j'ai de la chance et qu'aucun autre corvidé ne lance un cri d'alerte, il m'arrive d'avaler quelques plumes ou de griffer un poitrail noir, mais la plupart du temps, je loupe mon coup. Si je ne suis pas là pour protéger les petits, la Bergère trouve parfois un agneau à la queue dépecée, avec un œil en moins ou le derrière ensanglanté.

C'est drôle quand la Bergère parle de coups de fusil et du « pop-pop-pop » qu'ils font. Je préfère ne pas y penser, mais en novembre, à Black Sheep Farm, lorsque la saison de la chasse bat son plein, on ne peut guère y échapper. C'est le seul son qui me fasse vraiment peur. J'en ai les pupilles qui se dilatent au point que mes iris sont presque noirs. Je me réfugie sur l'étagère du haut du placard de la cuisine, où seuls Miss Marley et Manique se rendent en temps normal. Je me roule dans le coin le plus reculé pour attendre que ce soit fini.

C'est lorsque je suis arrivé dans ma nouvelle maison, encore adolescent et dégingandé, que j'ai vécu ce traumatisme. J'étais sorti explorer les bois près des prés de notre voisin. J'ai entendu des gens qui parlaient, puis des chiens que l'on appelait, suivi d'un impressionnant concert de grognements canins dans les broussailles. Comme ils approchaient, je me suis éloigné à toute vitesse vers la prairie. Là, j'ai vu des hommes, immobiles, avec dans les mains une chose qui ressemblait à un bâton. Ils se tenaient à distance régulière les uns des autres, dans l'herbe, fixant le ciel au-dessus des bois. Tout à coup, les bâtons ont pris vie, avec des craquements semblables au tonnerre alors que des faisans tombaient du ciel et atterrissaient tout autour de moi avec un bruit sourd. J'étais pétrifié. Ensuite, les énormes chiens se sont précipités vers moi pour ramasser délicatement les faisans morts entre leurs mâchoires. J'ai détalé si vite que je crois bien que j'ai laissé la moitié de ma fourrure dans les ronces où je suis passé pour échapper à un molosse qui reniflait et gigotait, l'air plus heureux qu'un cochon dans la boue fraîche par une journée de canicule. J'ai aussi abandonné la moitié de mes griffes sur les dalles, devant la porte de l'arrière-cuisine, alors que je me précipitais pour rentrer, volant littéralement jusqu'à la dernière étagère du placard et la sécurité.

Les humains, assis autour de la table, ont éclaté de rire.

— Bébé Bodacious est plus froussard qu'une souris, s'est moquée la Bergère. Le pauvre, il a dû rencontrer quelques-uns des chiens de chasse du coin.

Ils avaient à moitié raison. Mais, ce qui m'a vraiment terrifié, c'était le « bang-bang » des bâtons qui tiraient et les faisans, si semblables aux œuf-théticiennes de la ferme, qui pleuvaient autour de moi avec un bruit de mort. On aurait dit que le ciel me tombait sur la tête…

Depuis ce jour, j'ai un problème avec les armes. Au moindre coup de feu, je bondis vers cette étagère qui, le reste du temps, est bien trop chaude pour moi à cause de l'Aga. Ma seule phobie, ce sont les fusils.

# 9

## Le départ des hirondelles

La lune est immobile, mais elle est bien la seule : le vent fait chanter les branches et courir les nuages. Il est près de 3 heures du matin. Pourtant, dormir n'est guère possible alors que les rafales font danser les arbres et cogner les branches sur le toit. Une pluie drue cingle la fenêtre. Le premier orage de l'automne vient annoncer la fin de l'été.

J'ai la queue qui bat tandis que je contemple mes adversaires de la cour, les hirondelles, qui plongent en piqué pour me distraire et m'éloigner du lieu où nichent leurs oisillons. Bientôt, à la fin de leur saison d'été, elles quitteront notre ferme. Avant le départ, elles se rassemblent pour se percher, en rang, sur les toits ou les câbles électriques et bavarder à grand bruit. Pourquoi ne s'envolent-elles pas tout de suite ? Personne ne le sait. On dirait qu'elles ont besoin de se réunir pour partager l'angoisse du départ et s'encourager mutuellement à entamer ce voyage au long cours. Ensuite, il n'y aura plus d'acrobaties aériennes à la poursuite des insectes qui vivent dans les herbes de nos prairies. Pendant nos longs mois d'hiver, les petites bêtes disparaissent presque entièrement, et les hirondelles n'ont presque rien à manger. C'est pour cela que mes adversaires ailés passent l'hiver en Afrique du Sud. Nous les reverrons quand notre printemps irlandais commencera à briller.

Tous les deux ans environ, lorsque septembre arrive, la Bergère et moi faisons une étrange promenade dans nos pâtures. Nous traversons chacun de nos prés au cours d'une randonnée en méandres, qui ressemble à une série de W collés les uns aux autres. Car c'est le moment de prélever des échantillons de notre terre afin d'en évaluer la santé. Est-elle trop acide, trop alcaline ou juste parfaite ? Va-t-elle continuer à nous donner les meilleures herbes et plantes sauvages pour que notre troupeau de zwartbles, nos gardiens alpagas, nos chevaux et notre poney soient bien nourris ?

Pour déterminer la santé de notre terre, nous devons prélever les échantillons avec un outil particulièrement curieux. C'est un entonnoir de métal surmonté d'une barre qui permet d'appuyer avec le pied, le tout attaché à une longue poignée en T. La Bergère appuie avec sa botte afin que la partie étroite et aiguisée s'enfonce dans le sol, sur un peu moins de dix centimètres. La Bergère arpente les prés et s'interrompt à intervalles réguliers pour planter son instrument. Elle appuie fermement et fait sortir un boudin de terre.

Nous parcourons ainsi chacun de nos prés en zigzag, ramassant de nombreux échantillons de notre bonne terre. Les quinze premiers centimètres du sol sont cruciaux pour tout ce qui vit à la surface. C'est bien sûr là que tout pousse, et cela nourrit en premier lieu les animaux, puis, à l'autre bout de la chaîne, les humains. Quand le soleil brille, je m'allonge parfois pour regarder travailler la Bergère. Quand elle (ou nous, si je ne me suis pas étendu pour méditer de profondes pensées dans un endroit tiède et confortable) a fini de passer un pré au peigne fin, nous rangeons nos échantillons dans un sac plastique et l'étiquetons avec le nom de l'endroit et la date. Nous faisons de même dans chaque parcelle afin de connaître le pH du sol. C'est une donnée d'une immense importance. Pour que pousse la meilleure végétation, il faut un pH neutre, ni acide ni alcalin. Si nous découvrons qu'un pré est acide, nous devrons peut-être y épandre de la chaux afin de corriger cela. Nous utilisons alors notre diffuseur, attelé au quad, pour déverser des granulés de chaux. Lorsque nous maintenons la terre parfaitement neutre, toutes les vitamines et les minéraux passent dans les herbes par les racines, ce qui les rend délicieuses pour notre troupeau.

Ce pH neutre permet aussi au sol de bien absorber et digérer la nourriture que nous lui donnons, comme notre fumier bien décomposé, mélangé à de la paille et des copeaux de bois issus de la litière d'hiver des moutons. Cette matière enrichit notre sol en y ajoutant des micro-organismes, des bactéries et des champignons, qui contribuent à la croissance d'une végétation digeste. Tous ces bons ingrédients créent une robuste nourriture naturelle qui garde nos moutons en meilleure santé. Le lait est ainsi plus ambrosiaque, la laine plus forte et le crottin plus riche. Le fumier, à son tour, permet d'améliorer la qualité du sol et de faire pousser d'abondantes herbes pour les bêtes... Les agneaux ont une meilleure croissance et une bonne constitution grâce au plaisir qu'ils prennent à brouter. Mieux, encore, nos moutons heureux donnent une viande délicieuse. Nous prenons soin du sol, car mère Nature a besoin d'être nourrie, comme tout ce qui vit.

Au début du printemps, la Bergère a répandu ce mélange de copeaux, de paille et de fumier vieux d'un an et bien décomposé sur les champs qui en avaient le plus besoin. En automne, je surveille ces tas de fumier, car ils offrent un lit bien agréable pour une petite sieste grâce à la chaleur et à la vapeur qui s'en échappent dans l'air de plus en plus froid, annonciateur des vents de l'hiver.

La Bergère me divertit de temps en temps avec des récits de ses années d'études à l'université agricole et forestière, dans le Northeast Kingdom, une région du Vermont. Certaines de ses plus mémorables aventures se sont produites quand un air glacial descendait du Canada arctique et que les températures de l'État tombaient à moins trente. En plus de ce froid polaire, il soufflait un vent terrible qui faisait encore baisser les températures ressenties. La Bergère aimait alors patauger dans la neige et la glace pour rendre visite à l'une des plus proches voisines de la fac, une vieille dame avec laquelle elle aimait bavarder lorsqu'elle était assise dans son fauteuil à bascule, sous le porche de sa maison en bois délavée par les éléments. Malgré la météo glaciale, l'ancêtre proposait toujours à ses visiteurs une orange gelée en guise de friandise. La Bergère déclinait toujours avec tact cette généreuse proposition. Pas découragée, la vaillante habitante du Vermont se balançait dans son fauteuil tout en mordant avec plaisir dans son orange glacée, mangeant la peau et tout le reste, et s'en délectant comme d'une pomme bien mûre. Cette noble dame rurale était plus résistante que la Bergère ne prétendrait jamais l'être. Elle vivait à côté d'une route de campagne, non loin de Craftsbury Common, le village qui accueillait l'université. Un gentil fermier lui livrait tous les deux jours un seau en fer-blanc de lait, qui ne tardait pas à geler sur son perron. Chaque fois qu'elle avait besoin de lait pour son café ou son porridge, elle sortait avec une lourde cuillère en métal, tapait sur le glaçon lacté pour le faire craquer et ramassait les copeaux.

Par chance, le temps en Irlande n'est jamais aussi froid bien longtemps, malgré le fait que nous nous trouvions à la même latitude que le Labrador, une péninsule connue pour ses températures qui ne franchissent jamais la barre des zéro degré. La Bergère et moi, nous sommes heureux que l'Irlande soit protégée d'un tel climat par le Gulf Stream, qui nous arrive du Mexique et de la mer des Antilles.

La Bergère ne manque pas de doux souvenirs des hivers du Vermont qui se fondaient lentement en printemps. La neige restait haute, mais le tas de fumier de la ferme-école s'était agrandi grâce à la boue de l'hiver et aux litières des écuries et des étables. Cet énorme tas bien chaud fermentait naturellement et formait un engrais pour les champs de l'université. Les étudiants devaient parcourir une longue rampe de bois qui s'étirait au-dessus du fumier, chancelant en poussant leur lourde brouette de paille et de déjections pour la déverser sur le tas fumant. C'était un test de force et d'équilibre. Elle se souvient aussi des moments de convivialité après une dure journée de labeur : les nuits passées à bavarder, à jouer de la guitare et du banjo en chantant du folk devant une flambée dans le gigantesque âtre de pierre des chalets en bois des étudiants. Parfois, ils se lassaient d'être enfermés et sortaient respirer l'air frais au petit matin. Puis le groupe descendait vers la ferme juste avant l'aube, avec le fond d'une ou deux bouteilles de vin et des instruments de musique. Toujours chantant, ils s'asseyaient au-dessus du tas de fumier, les jambes pendant de la rampe en bois surplombant l'engrais fumant, la vapeur montant dans l'air froid. Ils regardaient le soleil se lever en haut des sommets enneigés des White Mountains, à l'est.

Lors d'une autre aventure hivernale, par une soirée fraîche et dégagée, la Bergère et un groupe de ses camarades de classe ont chaussé leurs raquettes faites maison et traversé les bois, malgré l'épaisse couche de neige, jusqu'à une clairière avec une vue magnifique vers le nord-est, munis d'une bonbonne de vin bon marché et d'une boîte d'allumettes. Ils ont alors entrepris de faire un feu. Ils ont récolté l'écorce fine et craquante de bouleaux à papier, puis ont ramassé des brindilles sèches et de longues branches mortes dans les bois autour de la clairière. Tandis que la nuit tombait, leur flambée a commencé à crépiter et à les réchauffer. Ils ont retiré leurs raquettes et les ont plantées dans la neige. Tout le monde s'est assis sur les branches qui n'étaient pas encore dans le feu. Ils se sont passé la bouteille de vin tout en bavardant tranquillement alors que l'obscurité grandissait et que les flammes gagnaient en vigueur. Les yeux tournés vers le nord-ouest, ils ont vu une aurore boréale se propager à travers le ciel. Il paraît que, cette année-là, le phénomène était particulièrement spectaculaire partout dans le monde en raison de l'éruption volcanique du Mount St. Helens, dans l'État de Washington. La poussière volcanique brillante qui s'est élevée dans l'atmosphère a amplifié toutes les couleurs : les arcs-en-ciel, les couchers de soleil et les aurores boréales.

Alors que la nuit avançait, le groupe a décidé de retourner à l'école. Ils sont repartis dans les bois et à travers champs. La Bergère s'est retournée et s'est mise à marcher tant bien que mal à reculons avec ses raquettes pour ne rien rater du spectacle qu'offrait le ciel. Elle aurait pourtant dû savoir que marcher en arrière dans un champ n'était pas une bonne idée ! Soudain, et comme on pouvait s'y attendre, elle a trébuché sur une clôture électrique qui s'élevait à quelques centimètres à peine de la couche neigeuse, puis est tombée dans la poudreuse. Quand elle a basculé, la queue de ses raquettes s'est enfoncée dans la neige. Elle a tellement plongé qu'elle avait les pieds au-dessus de la tête et les jambes posées sur la clôture électrique… qui était allumée ! Elle était là, incapable de bouger, coincée la tête en bas en un angle très inconfortable, avec des décharges électriques régulières. Ses camarades de classe étaient déjà plus loin, mais ils se sont retournés en l'entendant crier. Ils étaient tellement écroulés de rire qu'ils ne pouvaient pas l'aider.

Finalement, trois amis sont revenus vers elle sur leurs raquettes. Le premier a eu l'idée de génie d'utiliser la bouteille de vin vide pour appuyer sur la clôture et l'éloigner de ses jambes. Les deux autres l'ont attrapée, chacun par une main, et l'ont sortie de la neige. Depuis ce jour, elle n'a plus jamais essayé de marcher à l'envers pour contempler une aurore boréale, même particulièrement spectaculaire.

Ici, à Black Sheep Farm, pendant que je dicte ce livre à la Bergère, un blizzard fait rage alors que la tempête Emma percute le grand front froid de février 2018, ce qui nous donne une couverture de neige plus épaisse que jamais. L'expérience pratique que la Bergère a acquise dans le Vermont va certainement lui servir.

Moi, je n'ai pas eu besoin de livres pour apprendre. Comme je l'ai déjà mentionné, j'ai suivi Oscar, mon prédécesseur, dont j'ai été l'apprenti zélé. J'ai observé avec une grande attention la façon dont la Bergère menait ses tâches à bien. J'ai chassé les rats et les souris pour garder l'écurie et les bergeries propres. Comme je vous le disais, j'adorais chasser avec Oscar. Nous rampions dans les champs, au ras du sol, en quête de lapins de garenne, et attendions avec patience le moment décisif pour sauter. Lorsqu'il est mort, en 2013, cela a été un chagrin déchirant pour la Bergère, et une grande tristesse pour nous tous. Il ne se passe pas un jour sans que je pense à lui.

Quand Oscar est mort, la Bergère avait quitté notre ferme pour traverser la mer d'Irlande en ferry et se rendre au London Design Festival. Le conseil de l'artisanat d'Irlande avait choisi notre couverture de voyage en laine de zwartbles pour représenter notre pays lors de ce prestigieux événement. La Bergère s'est rendue à Londres pour la soirée d'ouverture, dont le maître de cérémonie était l'acteur irlandais Stephen Rea. Il raffolait de nos couvertures et a même été pris en photo avec l'une de nos confections contre la joue. Le lendemain, c'était le cinquantième anniversaire de la Bergère. Pour fêter ça, elle est retournée au Design Festival et a exploré tous les étages de l'entrepôt qui débordait d'objets aux lignes modernes dans tous les domaines. Le soir, elle est allée au théâtre Old Vic pour voir les légendes des planches, James Earl Jones et Vanessa Redgrave, dans *Beaucoup de bruit pour rien*. Après la représentation, elle a gagné les coulisses, a rencontré les deux acteurs et a eu une conversation agréable avec chacun d'eux. Elle a découvert que Vanessa Redgrave avait travaillé avec son grand-oncle, Tyrone Guthrie, lorsqu'elle était encore une toute jeune débutante.

Le lendemain, la Bergère a pris le ferry pour rentrer en Irlande. Après l'euphorie des succès à Londres, la chute n'en a été que plus dure, à peine débarquée, lorsqu'elle a retrouvé sa voiture avec un sabot. (Le train de Dublin quitte la gare de Rosslare Europort une demi-heure avant l'arrivée du ferry qui traverse la mer d'Irlande depuis le pays de Galles, ce qui l'avait obligée à utiliser son véhicule.) La Bergère a donc appelé à la maison pour prévenir qu'elle serait en retard, puisqu'elle devait attendre que la fourrière vienne lui retirer son sabot. Elle allait devoir payer une lourde amende pour ses cinq heures de dépassement de stationnement.

Mais lorsque son père a décroché, ç'a été pour lui annoncer la triste nouvelle de la mort d'Oscar. Il avait vu le chat ce matin-là, lové dans le foin éparpillé, au sommet des ballots, dans l'écurie. Je savais que mon aîné ne se portait pas bien, et je l'avais laissé seul, car personne n'aime être trop couvé quand il est en petite forme. En début d'après-midi, le père de la Bergère était sorti voir comment se portait le malade, mais l'avait trouvé pris de frissons incontrôlables et de salves d'éternuements sanglants. Aussitôt, il s'était assis à ses côtés, dans le foin, pour le caresser. Pendant quelques instants, frissons et éternuements s'étaient calmés. Le père l'avait alors soulevé avec délicatesse pour l'amener chez le vétérinaire, mais cela avait déclenché des convulsions. Oscar était mort dans des bras aimants, accompagné de caresses et de douces paroles.

Une fois sa voiture libérée, la Bergère a quitté Rosslare Europort pour regagner sa maison, le cœur lourd. Elle n'a pas tardé à devoir s'arrêter sur le bord de la route, près de la grande statue des fantassins de Wexford, qui commémore le bicentenaire de la rébellion irlandaise de la ville. Elle est sortie de la voiture, a pleuré, puis a fait le tour du monument de bronze, où l'on voit des hommes brandir leurs piques bien haut en hommage aux Irlandais morts pour l'Histoire, les Croppy Boys et John Kelly de Killanne. Elle savait qu'il serait dangereux de conduire avec les yeux mouillés et s'est donc changé les idées en marchant en cercle autour de la statue et en entonnant une chanson qu'elle avait apprise enfant, plus de quarante ans auparavant.

*Quelles nouvelles, ô mon courageux Shelmalier*
*Avec tes longs fusils venus de la mer*
*Dis-moi quel vent du sud pousse ici un messager*
*Porteur d'un hymne de l'aube pour les hommes libres*
*De bonnes nouvelles pour la jeunesse de Forth*
*De bonnes nouvelles pour toi, l'homme de Bargy*
*Car les garçons marchent à l'aube du sud au nord*
*Menés par Kelly, le garçon de Killanne…*
*Et la pauvre Wexford dénudée, pendue sur une croix*
*Le cœur percé par des traîtres et des esclaves*
*Gloire, gloire à ses fils valeureux qui ont trouvé la mort*
*Pour la cause de l'homme longtemps piétiné*
*Gloire au chéri de Mount Leinster, sa fierté,*
*Le vaillant Kelly de Killanne.*

Je suis sûr qu'elle a dû faire appel à son talent pour inventer certaines paroles, car quelques bribes avaient dû s'échapper de sa mémoire. Des automobilistes ont sans doute pensé qu'il y avait une folle au bord de la route, qui marchait en rond autour de la statue en chantant de vieilles chansons rebelles de Wexford… surtout quand on sait qu'elle est originaire de Kilkenny. Bien sûr, ils ne voyaient pas les larmes qui lui embuaient les yeux. Sinon, vous pouvez être sûrs qu'ils auraient appelé quelqu'un pour lui venir en aide.

Comme chacun le sait, pour les mauvaises nouvelles, c'est souvent « jamais deux sans trois ». Lorsque la Bergère est enfin arrivée chez elle, elle a fait, comme à son habitude, le tour de la ferme pour voir comment se portaient les animaux. Lorsqu'elle est entrée dans l'enclos des chevaux, ils se sont tous approchés au trot pour lui dire bonjour. Elle les a examinés un par un pour vérifier l'état de leurs jambes, et a soudain remarqué une importante blessure sur le membre postérieur droit d'Ishka. On aurait dit qu'on lui avait dépecé la jambe : elle avait la peau roulée le long du canon et rassemblée autour du paturon et du boulet, la zone juste au-dessus du sabot. Elle ne boitait pas et ne semblait aucunement souffrir. On a appelé le vétérinaire. En attendant son arrivée, la Bergère a commencé à nettoyer la plaie pour retirer la boue et le sang séché. Ishka restait parfaitement immobile, pas gênée du tout que l'on frotte sa lésion avec un chiffon rugueux pour retirer la saleté obstinément collée. Quant à moi, je me suis installé sur l'appui de la fenêtre de l'écurie, hors de portée du tuyau d'arrosage et des bulles de savon. La Bergère a coupé la queue d'Ishka au-dessus du niveau de la blessure et l'a tressée par mesure d'hygiène. À l'arrivée du vétérinaire, la plaie était parfaitement propre.

Notre vétérinaire est gentil et parle toujours avec douceur.

— Oh là là, ça n'est pas beau du tout… Ça m'a tout l'air d'une méchante blessure…

Il a expliqué que les plaies dans cette zone mettent des mois à guérir, car elle est très peu vascularisée.

— Ce type de lésion s'appelle un « dégantage », car la peau est retirée comme un gant.

Avec l'aide de la Bergère, il a pansé la jambe blessée. Puis il a pris rendez-vous pour Ishka dans une clinique équestre du comté de Kildare – une région de plaines connue pour sa tradition de courses et d'élevage – afin de déterminer quel serait le meilleur traitement. On a supposé que l'accident était survenu lorsque Ishka jouait avec sa copine Mystic. Cette dernière était l'une des pouliches de Silver que la Bergère avait débourrée et dressée avant de pouvoir la vendre. Avec son sabot ferré, elle avait probablement cogné la jambe d'Ishka et arraché la peau. Bref, la blessure d'Ishka a mis huit mois à guérir. La Bergère est devenue une véritable experte pour couper le tissu granulaire qui se forme lors de la cicatrisation d'une plaie ouverte, en l'absence de peau. Ce tissu conjonctif est très vascularisé et il repousse plus vite que la peau normale. Il doit être coupé afin que la peau puisse couvrir la blessure au cours de la guérison. Il n'a pas de nerfs et, lorsqu'on le sectionne, il saigne abondamment, mais le cheval n'éprouve aucune douleur.

Un jour, alors que la Bergère était en train de couper du tissu granulaire sur la jambe d'Ishka, un van est entré dans la cour. La Bergère avait attaché Ishka à l'extérieur de la cour principale, mais le sang coulait abondamment. Trois jeunes gens se sont approchés en entendant la Bergère les appeler. Elle était toujours affairée sur la plaie, et le sang lui ruisselait sur la main. Lorsqu'elle a levé les yeux, elle a vu deux des garçons rattraper le troisième, pris de malaise devant toute cette hémoglobine.

La blessure d'Ishka demandait tant de soins que la Bergère a été bien obligée de surmonter la mort d'Oscar. Pour ma part, je me suis aperçu que j'étais incapable d'attraper des lapins sans le talent inné de mon vieil ami pour m'aider. Cela m'a pris des mois de travail et tout un printemps à m'exercer sur de jeunes lapins avant d'y parvenir enfin. Manique vient parfois faire semblant de m'assister. Il se contente de rester assis, à remuer les oreilles et à agiter la queue en me regardant faire tout le boulot : complètement inutile. Malgré sa nullité en tant que chasseur de lapins, Manique excelle pour attraper rats, souris, campagnols et oiseaux.

Après la mort d'Oscar et le deuil qui s'est ensuivi, j'ai endossé avec facilité le rôle de Chat en chef. Mon autorité n'a jamais été contestée par les autres résidents, ni félins ni canins.

Mon statut est particulièrement avantageux lorsque la Bergère prépare les nombreux plats qu'elle confectionne quand la nourriture est trop abondante, et qu'elle congèle pour les longs mois d'hiver. Les récoltes ne manquent pas en septembre. Nous cueillons les poires, et un voisin vient chercher nos pommes pour en faire du cidre et du brandy qui, d'après la Bergère, sont délicieux. Nous récoltons aussi les pommes de terre et préparons la viande des agneaux castrés.

La Bergère cuisine de délicieux ragoûts d'agneau avec d'exquises côtelettes, des carottes fraîches, des pommes de terre, des poires et des pommes, le tout cuit ensemble. Je surveille le plat en train de mijoter pendant des heures, en donnant à la Bergère des conseils sur les épices et les herbes du jardin qu'elle doit ajouter à ce futur délice culinaire.

Elle prépare de grandes marmites de ragoût et de chili, des hachis, des soupes et des sauces pour les pâtes, qu'elle congèle en portions pour deux personnes. Comme ça, en cas d'afflux soudain de visiteurs, elle peut facilement servir un repas maison. Pour me remercier, elle me donne des bouchées de viande crue ou un œuf. Plusieurs fois par semaine, notre équipe féline et canine se met en rang pour recevoir un petit morceau de foie ou de cœur. Nous adorons ça, et c'est très riche en vitamines et en minéraux. Ces friandises nous aident à produire notre épaisse fourrure d'hiver.

Nous avons aussi la savoureuse responsabilité d'effectuer un prélavage des casseroles, poêles et assiettes avant qu'elles soient placées dans le lave-vaisselle, mission que nous prenons très au sérieux. Parfois, nous recevons une véritable gâterie :

du lait cru. Contrairement au lait pasteurisé, qui est très homogène, le lait cru est bon pour les félins. C'est le Dr Francis Pottenger qui l'a énoncé après une étude de dix ans sur le régime alimentaire des chats. Il a mené ses recherches dans les années 1930 et 1940, et a découvert que le lait et la viande crus donnaient des chats en bien meilleure santé que le lait traité et la viande cuite. Alors, ne laissez personne vous raconter qu'il ne faut pas donner de lait cru aux chats. Seule la version pasteurisée est mauvaise pour notre tube digestif. Je ne m'avancerai pas sur le sujet de la différence entre lait cru et lait pasteurisé pour les humains, car eux ne sont pas des carnivores, et je crois vraiment qu'il faut faire du cas par cas. Les humains, omnivores, peuvent se montrer tatillons et choisissent un régime qui correspond à leur culture, à leur société, à leur philosophie de vie et à leurs finances.

# PARTIE IV

# HIVER

# 10

## Premiers frimas

Dans l'air immobile, la fumée de cheminée s'élève droite comme un I, sans la moindre volute grise. Les étoiles scintillent dans le ciel noir et limpide. L'herbe pousse lentement désormais, car les nuits d'automne rallongent et l'on attend le premier gel. L'hiver sera-t-il rude, ou suffisamment doux pour que l'herbe continue sa lente croissance et que les moutons puissent brouter ?

Alors que l'automne cède la place à l'hiver, la Bergère se remémore les changements de saison d'autrefois, quand elle vivait dans la chaîne des Appalaches. Elle habitait un chalet en bois sur les contreforts des Blue Ridge Mountains, à côté du parc national de Shenandoah. Elle se souvient comment, après les premières nuits vraiment froides, une odeur de chair grillée montait de la clairière en contrebas jusqu'à son chalet. Les familles voisines tuaient les cochons qu'elles avaient engraissés tout l'été. Ensuite, elles les apportaient jusqu'à des torrents de montagne glacés, allumaient un feu sous de grandes cuves, brûlaient les soies et recueillaient la graisse, qui leur servirait à cuisiner pendant l'année à venir.

La Bergère m'a aussi souvent raconté comment elle traversait à cheval les pâtures des vaches sur lesquelles elle veillait. Un jour, elle a surpris un ours noir rôdant autour d'une vache qui venait de vêler. Selon toute probabilité, l'animal cherchait seulement à se repaître du placenta et d'autres déchets organiques, mais la Bergère ne pouvait pas prendre le risque de le laisser si près du veau nouveau-né et de sa mère. Elle a pressé les flancs de sa monture avec les jambes et s'est élancée au galop, droit sur la bête. Elle hurlait à pleins poumons pour effrayer l'ours. Celui-ci s'est enfui pour échapper à ce démon mi-femme, mi-cheval qui le poursuivait d'un roulement de sabots, crinière au vent, comme une version féminine de Chiron le Centaure ou une cavalière scythe. L'ours était bien plus véloce qu'elle ne l'aurait cru. Elle s'était attendue à le rejoindre rapidement sur son cheval au galop, mais, au lieu de ça, le plantigrade a accéléré et a buté contre la clôture de plus d'un mètre de haut. Quand la Bergère a pris conscience que l'animal sauvage était trop terrifié pour trouver la sortie, elle a tiré sur les rênes de son cheval, qui renâclait, et a ralenti l'allure afin de permettre à l'ours de se calmer et de chercher son chemin. Il a filé le long de la clôture, est arrivé au coin de la pâture et a franchi l'obstacle d'un bond plein d'élan. Après avoir atterri sain et sauf de l'autre côté, il a traversé, à grand renfort d'éclaboussures, le petit ruisseau qui séparait le pré de sa terre natale et a disparu dans les bois touffus du parc national de Shenandoah.

Ici, en Irlande, la Bergère ne s'occupe de vaches que lorsqu'un voisin a besoin d'aide, ce qui s'est produit il y a environ un an. Nous traversions notre cour pour un travail quelconque lorsqu'un étranger est entré en voiture et a ensuite couru vers nous. Il était en train de se promener à pied, sur la berge opposée de la rivière qui longe notre propriété, lorsqu'il a vu une vache forcer la clôture électrique bordant le pré et dévaler la rive haute de trois mètres jusque dans l'eau. Il comprenait bien qu'elle n'arriverait pas à en ressortir seule. Notre ferme est visible de loin sur la colline qui domine la vallée, et il a donc pensé que la vache nous appartenait. En bon voisin, il est venu nous prévenir.

La Bergère a réfléchi quelques minutes. Elle a trouvé qui était le propriétaire de l'animal et lui a passé un coup de fil. Elle a ensuite sauté sur le quad et a filé sur la route, puis à travers champs, jusqu'à la rivière. À mon grand chagrin, elle ne m'a pas laissé l'accompagner, et je dois donc me contenter du récit qu'elle m'a fait à son retour…

Quand elle est arrivée sur les lieux, la vache était en eau profonde et tentait tant bien que mal de garder la tête au-dessus de la surface. La Bergère a essayé de lui faire remonter le courant en direction d'une pente douce au niveau de la berge, mais elle ne parvenait à faire que quelques pas. La végétation était si dense qu'elle a dû se contenter de trouver un endroit sans arbres ni buissons pour réussir à s'approcher, mais la vache n'arrivait pas à sortir. Le propriétaire de l'animal est arrivé. Il est entré dans l'eau pour essayer de l'amener vers un endroit où il serait plus facile d'émerger. Mais la vache était épuisée. La Bergère a alors appelé le vétérinaire ainsi qu'un autre voisin équipé d'un engin armé d'un bras télescopique, un peu comme une fourche. Le propriétaire de la vache, qui était toujours dans l'eau, est parvenu à attacher des sangles autour de sa bête tandis que les autres, sur la rive, accrochaient le second bout à la fourche de la machine. Puis, malgré son poids, ils ont hissé l'imposant animal hors de la rivière.

Deux vétérinaires avaient assisté à l'opération de secours au cas où la bête aurait été blessée. Six humains s'étaient rassemblés pour tirer de ce mauvais pas la vache, qui était un peu secouée, mais qui n'a pas tardé à se remettre. La Bergère aime voir cette volonté parmi les agriculteurs voisins de se venir en aide dans les moments difficiles, et tout cela, au pied levé. Quel que soit le travail en cours, on l'abandonne pour venir prêter main-forte.

La Bergère n'était rentrée que depuis quelques instants dans notre cour lorsqu'elle a reçu un appel pour l'informer que des vaches d'un autre voisin s'étaient, elles aussi, échappées de leur pâture et erraient sur notre route, très fréquentée. La Bergère a bondi de nouveau sur le quad et a filé, Pepper derrière elle, pour éloigner les fugitives ruminantes de la voie. D'autres fois, ce sont des voisins qui ont aidé la Bergère à ramener nos moutons alors qu'ils s'étaient enfuis sur la route, en bas de notre ferme, ou qui ont apporté le fourrage à nos bêtes quand notre quad était en panne ou que la neige était trop profonde.

Parmi les choses à accomplir avant l'hiver, il faut dégager les canalisations, amasser une provision de bois et préparer le fourrage pour nos moutons. Pour cela, nous récupérons nos énormes ballots de foin, stockés dans la grange du cousin de la Bergère. Sa ferme est juste à côté de Black Sheep Farm, mais nous devons tout de même transporter les ballots un par un sur trois kilomètres de petites routes défoncées entre sa grange et nos bâtiments. Quel que soit temps, la Bergère doit s'escrimer à faire entrer le ballot dans sa remorque conçue à cet effet. Elle la tire ensuite jusque chez nous avec le quad, qui nous tient lieu de tracteur. Comme toujours, Pepper se perche derrière elle pour lui tenir compagnie. Nous apportons chaque ballot à nos moutons affamés, directement dans les pâtures quand il y a un peu d'herbe, par beau temps, ou au chaud dans l'abri de nourrissage lorsque la météo est moins clémente.

La tâche que la Bergère aime le moins, à cette époque de l'année, est le nettoyage. Mais ce dur travail physique lui rappelle les progrès qu'elle a accomplis depuis la maladie qui l'a frappée il y a plus de vingt ans. Chaque fois qu'elle vide une bergerie de son fumier, qu'elle s'allonge sur le sol mouillé sous une pluie battante ou dans l'écurie pour plonger le bras jusqu'au coude afin de déboucher une canalisation, elle se souvient du temps qu'elle a passé au lit, le cerveau embrumé et le corps secoué de douleur. Elle est bien obligée de se remémorer combien elle a souffert, et elle se demande toujours si la maladie peut récidiver sans signaux avant-coureurs. Elle perçoit chaque muscle effectuer son travail pour maintenir ses jambes debout, pour se mouvoir avec fluidité, pour passer une fourche dans la paille, pour ramasser du fumier et le jeter dans la brouette. Elle pousse cette lourde brouette, véritable défi tant pour les muscles que pour l'esprit, jusqu'au tas de fumier. Le petit véhicule doit être déplacé par les poignées jusqu'en haut du tas, renversé, puis redescendu pour être à nouveau rempli.

Chaque matin, elle se réveille avec l'espoir que son corps lui permette de traverser une nouvelle journée. Certaines sont plus faciles que d'autres. Pourtant, même si les vraies mauvaises journées sont désormais plus espacées, elle reste hantée par l'impression que son corps pourrait à nouveau basculer dans la maladie d'un instant à l'autre.

Avec l'assistance de Pepper, je m'occupe aussi de surveiller la Bergère, et parfois, je dois me transformer en infirmier à plein temps. Figurez-vous que Pepper est capable de sentir l'arrivée d'une poussée de fièvre tropicale chez la Bergère, longtemps avant l'intéressée. Bien qu'elle ait appris, au fil des ans, à reconnaître les signaux d'alerte que lui envoie son corps et quels symptômes guetter, c'est Pepper qui vient s'appuyer fermement contre sa jambe, conscient que quelque chose ne va pas. Il se colle tellement à elle que, si elle se lève ou fait un pas, il trébuche. Il appuie sur sa jambe pour qu'elle comprenne qu'elle doit arrêter son travail et filer au lit directement pour se reposer. Plus tôt elle se couche, plus vite elle guérira pour reprendre ses travaux à la ferme. Pendant qu'elle est alitée, je m'occupe de toutes les activités de la ferme et de la maison.

Je ne sais pas par où commencer pour expliquer la maladie très invalidante de la Bergère, à laquelle j'ai fait allusion au début de cet ouvrage. Une fois rentrée à Londres, après ce qui devait être sa dernière mission en Asie du Sud-Est, elle a soudain été terrassée par la fièvre. Elle avait adoré son boulot et trouvait que cela lui permettait à merveille de pallier son absence de diplôme de troisième cycle. Elle avait participé aux soins d'une extraordinaire variété d'espèces tropicales. Elle avait rencontré des personnes fascinantes avec des centres d'intérêt proches des siens, et avait vécu chaque jour de nouvelles aventures. Elle avait aimé très profondément ce travail avec des animaux sauvages et des collègues chaleureux.

Épuisée par des mois de labeur dans la chaleur humide de la forêt tropicale, dans les réserves, zoos et forêts, et par des heures de transport souvent assez primitif, elle a soudain perçu que quelque chose n'allait pas du tout. Elle venait d'entrer dans la station de métro d'Oxford Street et se tenait en haut des escalators qui descendent vers les quais. Alors que les marches l'entraînaient lentement vers le monde souterrain, elle s'est sentie tournoyer. Le décor s'est mis à tourbillonner comme un kaléidoscope aux couleurs vives.

Par chance, un autre humain se trouvait sur la marche inférieure, et elle savait qu'elle ne dégringolerait donc pas jusqu'en bas. Elle s'est dépêchée de rentrer se mettre au lit, persuadée que ce n'était que la fatigue du décalage horaire et de l'excès de travail. Elle pensait qu'une bonne nuit de sommeil suffirait à régler le problème. Malheureusement, ça n'a pas été le cas, et une visite à l'hôpital spécialisé dans les maladies tropicales a confirmé que ce qu'elle avait d'abord pris pour une simple grippe ou une toxoplasmose serait sans doute bien plus sévère et difficile à traiter.

Aussitôt qu'elle a été allongée sur son lit d'hôpital, elle a senti son corps se laisser aller, comme s'il avait trouvé un lieu sûr pour se relâcher. Elle souffrait d'intenses douleurs musculaires et de maux de tête pulsatiles, qui lui donnaient l'impression d'avoir un cerveau gros comme une pastèque dans une boîte crânienne de la taille d'un petit pois. Pendant sa première semaine d'hospitalisation, elle a passé une batterie de tests destinés à dépister les maladies tropicales. Certains étaient dégoûtants, comme celui appelé « test de la ficelle » : il s'agissait d'avaler une pilule de la taille de son petit doigt et attachée à une grosse ficelle râpeuse, dont l'extrémité lui pendait de la bouche. L'infirmière la tenait dans sa main pendant que la Bergère avalait l'énorme comprimé. Une fois cela effectué, le reste de la ficelle a été scotché sur la joue de la Bergère. Plusieurs heures se sont écoulées sans qu'on lui permette de prendre la moindre nourriture afin de protéger la ficelle des sucs gastriques et des enzymes digestifs.

La pilule et la ficelle sont descendues presque jusqu'en bas, dans le côlon et l'intestin grêle de la Bergère. L'infirmière a alors tiré lentement sur le dispositif par la gorge de la Bergère, qui avait des haut-le-cœur à mesure que la ficelle lui frottait l'arrière de la langue. Ce test était à l'époque une façon de détecter la présence de parasites tropicaux. Cependant, une analyse sanguine a confirmé que la Bergère avait en réalité contracté la toxoplasmose dix-huit mois plus tôt.

La toxoplasmose est une maladie bien connue chez les chats, les moutons et les humains, et peut causer des fausses couches. C'est un fait bien établi : elle est propagée par nous, les chats, ainsi que par les rongeurs et, d'après certains, par les oiseaux. Les chats sont traditionnellement accusés d'être de terribles vecteurs de la toxoplasmose. Nous avons la réputation d'être une plaie pour les bergers, car nous contaminons leurs troupeaux et leur ruinons la santé. De nombreux bergers nous haïssent. Avec les méthodes modernes d'élevage, cependant, cette parasitose peut être évitée grâce à un vaccin et soignée chez l'humain par des antibiotiques. J'aide la Bergère à administrer le vaccin chaque année, ce qui garde notre troupeau en bonne santé. J'ai le sentiment que mieux vaut prévenir que guérir, surtout avec les moutons. Posez la question à n'importe quel berger : il vous dira qu'on croirait que les moutons aiment mourir de toutes les façons possibles, et sont même prêts à inventer de nouvelles manières de décéder ! Dans l'élevage, on a toujours des pertes, et l'on traverse de fréquents deuils concernant nos amis à quatre pattes. Heureusement, on est récompensés par la beauté bien réelle qui nous entoure et par la vie qui sépare la naissance de la mort : c'est ce qui nous permet de continuer, toujours pleins d'espoir et de joie.

La Bergère me dit souvent que son seul compagnon, pendant les années d'alitement qui ont suivi, a été son esprit, rempli des souvenirs de son aventureuse existence. Elle ne pouvait ni regarder la télévision ni écouter de la musique pour se distraire, car la lumière intermittente et le bruit lui donnaient mal à la tête. Alors, à la place, elle se rejouait ses souvenirs sur le plafond de sa chambre. Elle prenait le plâtre blanc craquelé comme une toile imaginaire sur laquelle elle peignait ses réminiscences. D'autres fois, elle fermait les yeux et se rappelait comment elle avait monté un cheval au galop, à cru, sur une plage. Elle retrouvait la texture de l'air salé et la sensation intime de chacun de ses mouvements, qui épousaient ceux du cheval. Elle sentait la puissance, l'humidité et l'odeur de sueur de sa monture, la morsure de sa crinière, que le vent faisait cingler sur son visage, et le doux balancement du galop. Elle entendait les éclaboussures que provoquaient les sabots en rencontrant la surface de l'eau avant de s'élancer à nouveau, dans un élan, vers l'avant.

La première année, elle n'a fait quasiment que se reposer dans son lit pour survivre. Elle a planté un noyau d'avocat, qu'elle a regardé germer et grandir jusqu'à ce qu'il devienne si grand qu'il a fallu le mettre dehors, devant la porte de sa chambre en sous-sol, dès la seconde année. Mais elle a été peinée lorsqu'un gel précoce l'a tué. La mort est arrivée par surprise, mais ce sont des choses qui se produisent.

Comme le raconte la Bergère, l'un de ses souvenirs les plus marquants de ces années d'immobilité forcée en Virginie était d'être allongée sur un sofa, dans la véranda de ses parents, d'où elle admirait un orme de Sibérie. L'arbre poussait un peu en contrebas de la maison, sur la ligne qui séparait la propriété de celle des voisins. Ce dont elle se souvient surtout, ce sont les nombreuses heures qu'elle passait, chaque jour, à regarder l'orme au fil des saisons. Désormais, elle est capable de voir comme un petit film en accéléré de ce grand arbre, passant du vert clair du printemps au vert soutenu de l'été, puis au brun de l'automne, à la chute des feuilles et à la nudité de l'hiver, parfois bordé de neige ou festonné de stalactites de glace gouttant et scintillant dans le soleil d'hiver.

Quand arrive novembre, l'approche de l'hiver ne fait plus de doute. On sent craquer le givre sous ses pieds. Les derniers préparatifs doivent être accomplis pour rentrer les brebis qui approchent de la date de l'agnelage afin que leurs nouveau-nés soient protégés du mauvais temps. Pour commencer, l'abri doit être vidé et le sol débarrassé de toute trace de fumier. Puis on étale une couche de copeaux de bois bien secs, que la Bergère a reçus plus tôt dans l'année d'un arboriculteur. Cela isolera du froid et absorbera l'humidité. Une fois que c'est fait, on déroule par-dessus de la paille dorée. J'ADORE ce moment, car parfois des souris jaillissent du foin. Celui-ci est chaud et isole bien du vent piquant de l'hiver. Tout comme Manique, il n'est pas rare de me trouver endormi dans un nid de paille.

Une fois la bergerie de naissance préparée pour l'hiver, nous sommes prêts à y faire entrer nos brebis gestantes. Après avoir été présentées au bélier en octobre, elles passent une échographie pour savoir combien d'agneaux elles attendent : un, deux, trois… ou aucun.

L'agnelage est une procédure très planifiée, et la Bergère pratique la méthode moderne de la synchronisation des chaleurs afin de s'assurer que toutes nos brebis mettent bas plus ou moins en même temps. Un planning de naissances resserré permet à la Bergère d'assurer elle-même toutes les mises bas, car elle aura deux dates précises de travail, séparées par dix jours, pour se remettre du manque de sommeil. C'est très malin, si vous voulez mon avis.

Ensuite, on passe à la nourriture d'hiver, qui dépend de variables comme la date prévue des naissances, la quantité d'herbe dans nos prés, le degré d'humidité de nos terres et la météo. À présent, je surveille attentivement l'état des pieds de nos ovins : il leur arrive parfois de peler. Cette maladie est un peu l'équivalent d'une mycose très sévère chez les humains – sauf que cela cause plus de douleurs que de démangeaisons, et peut conduire à une boiterie. Manique aime s'asseoir près de la Bergère pour bavarder quand elle a flanqué un mouton sur le dos pour traiter ce problème bactérien. Avec un chiffon rugueux qu'elle passe dans la fente du sabot, elle nettoie et sèche chaque pied où la bactérie a mis la chair à nu. Ensuite, elle vaporise un liquide bleu contenant de la chlortétracycline, un antibiotique qui tue et assèche le champignon. En général, il ne faut pas plus de vingt-quatre heures au mouton pour retrouver la santé.

C'est maintenant le moment où la Bergère enlève le bélier, après la période de six semaines où il a dû être présent, pendant les deux cycles de dix-sept jours de chaleurs. Une fois son travail effectué, il est placé dans un espace confiné avec nos autres béliers séparés des troupeaux de brebis qu'on leur avait attribuées. Il faut les garder dans un espace restreint pendant sept à dix jours afin d'éviter qu'ils se tuent les uns les autres pour tenter d'établir qui est le patron.

Comme Black Sheep Farm est très vallonnée, un bélier qui charge dans une pente peut facilement en tuer un autre. Nous y avons tous assisté le jour où la Bergère a laissé sortir les béliers trop tôt. J'étais, comme d'habitude, assis sur l'un de mes poteaux de clôture, d'où je surveillais la sortie des mâles. L'un d'eux a remonté la pente en courant, avant de faire volte-face pour charger en redescendant, sa vitesse augmentant au fur et à mesure qu'il dévalait la colline. Un autre bélier, que nous appelions Le Gallois, tourné vers lui, est resté sur ses positions face à cette agression. L'assaillant est venu s'écraser sur lui avec une telle force que Le Gallois a fait un vol plané, assommé. La Bergère a bondi dans le pré pour chasser le bélier agressif, qui rouait son adversaire de coups de sabot. Elle le croyait mort à cause du sang qui lui coulait des narines, et ses amis, qui assistaient à la scène, n'avaient guère d'espoir non plus. Il a fallu à la Bergère des semaines de soins attentifs pour lui rendre la santé. Elle a consacré du temps et de l'énergie à le garder en vie parce qu'elle y était attachée et qu'elle admirait son vaillant héritage de zwartbles nés dans les montagnes du pays de Galles. Par bonheur, Le Gallois a survécu, et la Bergère s'est bien gardée, par la suite, de lâcher les béliers trop tôt.

Une fois que les béliers sont sortis de leur période d'agressivité réciproque, Smudge et eux ont dix mois de vacances pour manger, dormir et profiter de la vie en attendant la prochaine saison des amours.

Avec la nuit qui tombe de plus en plus tôt, il y a davantage de temps à passer près de l'Aga pour nous réchauffer après nos deux services quotidiens : distribuer du foin et vérifier que tout le monde va bien. Avec les jours qui raccourcissent et les brebis gestantes qui ont besoin d'un intervalle de huit heures entre les repas, nos rondes s'effectuent avec une lampe torche ou bien avec les phares du quad. Le matin, alors que l'obscurité s'estompe, les premières lueurs de l'aube sont parfois d'une beauté à couper le souffle. La Bergère reste à contempler l'aurore qui se lève à travers la vallée tandis que la brume s'agite en nappes d'un gris doux teinté de rose et de pourpre, devant la silhouette noire des arbres dénudés par l'hiver. Dans ces cas-là, je dois parfois lui planter mes griffes dans la jambe pour la secouer. Nos moutons attendent leur repas, nos chiens ont faim, je veux mon deuxième petit déjeuner, et elle a sans doute besoin de sa tasse de thé noir et de son porridge bien chaud.

Les matins pluvieux, je traverse la cour en entendant la Bergère effectuer ses ablutions, se laver les dents, tirer la chasse de sa litière, puis descendre ouvrir la porte de l'arrière-cuisine. Comme chaque jour, nous autres félins sommes dehors, à attendre. Nous avons chassé rats et souris toute la nuit, alors que les chiens ont des lits douillets dans la maison. J'étire les pattes avant aussi haut que possible sur la porte en bois rouge et y plante mes armes de chasse préférées, les griffes, en signe d'impatience. J'entends une clef tourner lentement dans la serrure. Le Grand trouve ce bruit insupportable et il laisse échapper ses aboiements assourdissants. La porte s'ouvre et tous les chiens se précipitent pour franchir le seuil d'un bond et se ruer sous la pluie. Je secoue ma queue, qui scintille de gouttelettes d'eau, ma fourrure collée à la peau. J'entre et laisse des traces de pattes mouillées sur les dalles de l'arrière-cuisine. J'exige aussitôt mon premier petit déjeuner, car j'ai travaillé dur toute la nuit. Derrière moi, Manique entre d'un bond, s'ébroue pour débarrasser son court pelage tigré de l'humidité et tente de se sécher en se frottant contre le pantalon de la Bergère. Il pleurniche pour tout et n'importe quoi, comme d'habitude, et demande son petit déjeuner. Un seau fermé qui contient nos croquettes s'ouvre et une pelle bricolée avec une vieille brique de lait vient y puiser notre pitance.

Pendant que Manique et moi nous attaquons à notre repas, tous les chiens rentrent, revigorés. Le Grand geint d'impatience alors que la Bergère commence à enfiler ses bottes, qu'Ours essaie d'attraper pour les emporter sous la pluie. Enfin, les bottes sont mises et le pantalon imperméable est enfilé à grand bruit. Le ciré et le chapeau sont passés à leur tour. Une caresse sur mon dos, un tirage affectueux de la queue de Manique, et la Bergère s'éloigne dans la pluie et le vent pour faire sa ronde du matin. Je miaule et lui emboîte le pas, mes petites pattes à la peine pour suivre ses grandes enjambées, surtout quand la cour est boueuse et détrempée. J'essaie de la tenir au courant des événements de la nuit alors que nous marchons vers une nouvelle journée.

Le soir, près de l'Aga, la Bergère me raconte souvent des histoires pour meubler les longues soirées d'hiver. Des contes colorés et pleins de vie sur son ancienne existence d'actrice ou sur son apprentissage de l'agriculture. Elle a deux anecdotes favorites. L'une implique un personnage qu'elle appelle Ichabod Crane, un drôle de nom, peut-être hollandais, à mon avis, comme nos moutons zwartbles. C'est surtout à Halloween qu'elle aime broder sur cette histoire. La maison où elle résidait, dans l'État de New York, quand elle débourrait et dressait des morgan, avait autrefois appartenu à un maître d'école du nom de Jesse Merwin, qui serait plus tard connu comme Ichabod Crane dans *La Légende de Sleepy Hollow* de Washington Irving, un écrivain américain.

La maison était de style colonial hollandais typique, en bois avec d'imposantes marches de pierre menant à une petite galerie sur l'avant. De grands arbres anciens entouraient la demeure, qui restait fraîche en été grâce à ses petites fenêtres. Sur la gauche, une extension moderne abritait la cuisine et une autre entrée, que l'on empruntait de préférence. Dans les fermes, de toute façon, on ne passe presque jamais par l'entrée principale. En pénétrant dans la cuisine, on voyait alors trois portes : l'une juste en face, qui conduisait à l'arrière de la maison ; une autre plus loin, dans un angle, qui menait à la cave d'origine et qui devait se trouver à l'extérieur autrefois ; la troisième, à droite, donnait accès à la partie la plus ancienne de la bâtisse, avec la salle à manger. Celle-ci avait également trois portes. Celle sur le mur d'en face ouvrait sur le reste de la demeure, avec la chambre à coucher et un salon douillet. La deuxième donnait sur une chambre d'amis, présente dans la structure d'origine. Et la troisième révélait un escalier étroit qui montait vers deux chambres sous les toits. Toutes les portes les plus anciennes avaient un loquet en métal traditionnel, qui produisait un son en deux temps lorsqu'on le manipulait. Elles étaient en outre très bruyantes quand le vent les secouait.

La Bergère dormait dans l'une des chambres des combles. Un soir, alors qu'elle revenait d'une soirée du 4 Juillet dans une ferme voisine, elle est entrée dans la cuisine par la porte de côté, qu'elle a verrouillée. Elle a remarqué que celle du cellier était ouverte, laissant passer la lumière. Elle s'est avancée et a appelé pour voir si sa patronne était en bas. Personne ne lui a répondu. Elle ne voulait pas éteindre les lampes si sa patronne était debout, car c'était une dame âgée.

Aussi a-t-elle descendu l'escalier, mais elle n'a vu personne. Elle est remontée, a éteint la lumière, puis a fermé la porte. Elle est ensuite passée dans la salle à manger après avoir éteint également dans la cuisine derrière elle.

Soudain, elle a entendu une porte s'ouvrir et vu de nouveau la lumière. Elle s'est retournée, prête à s'excuser auprès de sa patronne de l'avoir plongée dans le noir... mais il n'y avait personne. Perplexe, elle est revenue dans la cuisine, a ouvert la porte du cellier et a appelé : « Y a quelqu'un ? » Pas de réponse.

À ce moment-là, la Bergère a songé qu'elle avait peut-être trop bu à la soirée. Elle a traversé la maison sur la pointe des pieds, jusqu'à la chambre de sa patronne, et a jeté un coup d'œil : la vieille dame dormait paisiblement. Elle est donc retournée à la cuisine, a fermé et a verrouillé la porte du cellier, puis a éteint la lumière. Elle a traversé de nouveau la salle à manger vers l'étroit escalier qui menait à son lit, mais, arrivée au milieu de la pièce, elle a aperçu la lueur de la lampe de la cuisine, pourtant éteinte. La Bergère s'est enfuie vers l'escalier pour se mettre en sûreté dans sa chambre. Elle a ouvert la porte à loquet de l'escalier, l'a franchie en toute hâte, a refermé derrière elle, puis a grimpé les marches quatre à quatre. Elle en était à peine à la moitié quand les portes en bas se sont mises à s'ouvrir et à se refermer. Puis les loquets sont entrés dans la danse, se verrouillant et se déverrouillant, comme si quelqu'un les manipulait. Tous les poils de son corps étaient hérissés, m'a-t-elle dit, comme dans une caricature de chat noir d'Halloween. La Bergère a fini de monter l'escalier en courant, s'est jetée dans son lit et a allumé la lampe de chevet. Elle est restée éveillée toute la nuit, les yeux écarquillés de terreur. Le lendemain matin, quand elle a senti l'odeur du café et entendu sa patronne cuire, comme chaque jour, des steaks pour le petit déjeuner, elle est descendue prudemment, un peu moins effrayée toutefois. Avant qu'elle ait pu ouvrir la bouche, la vieille dame l'a remerciée d'avoir fermé les portes et éteint les lumières.

— Mais… mais… mais…, a bredouillé la Bergère avant de raconter avec difficulté ce qui s'était passé (les portes qui s'ouvraient et se fermaient et les lampes qui se rallumaient toutes seules).

— Ah, c'était sûrement Jesse Merwin qui te faisait une blague, a ri sa patronne. Ne t'inquiète pas, il est très gentil et ne te veut pas de mal.

Inutile de préciser qu'après cela, la Bergère s'est arrangée pour être suffisamment fatiguée chaque soir afin de réussir à s'endormir avec la lumière. Celle-là, alors : elle est plus froussarde qu'une souris !

Sa deuxième anecdote préférée est celle qu'elle appelle *Délivrance*. Je n'ai jamais vu le film, mais elle m'a raconté l'époque où elle vivait dans les Blue Ridge Mountains de Virginie et faisait de longues randonnées à cheval. Son ami d'alors avait ce qu'il appelait des « chevaux d'endurance », et ils les travaillaient tous deux pour les entraîner à parcourir de grandes distances. Cavalière accomplie, la Bergère aimait ces chevauchées dans les Appalaches. Si les chiens qui les accompagnaient restaient assez calmes, elle voyait souvent des animaux sauvages, des groupes de dindons, de cerfs, de lynx et d'ours bruns.

Ce jour-là, la saison de la chasse à l'arc battait son plein. Ce mode de traque, précédant la chasse au fusil, permet aux locaux de continuer à se nourrir de gibier comme les dindons sauvages, les cerfs et les ours, mais de façon responsable.

Ils montaient depuis quelques heures, les chiens trottinant à quelque distance devant eux. Soudain, l'un des canidés a fait un bond de côté avec un aboiement de peur, de surprise et de colère. Au même moment, le cheval de la Bergère, terrifié, s'est cabré et a opéré une volte-face. À moins de trois mètres, dans les taillis du côté supérieur du sentier, se tenait un homme entièrement camouflé, le visage maquillé, et armé d'un arc. Plus loin, mais du côté inférieur, se trouvait un deuxième homme camouflé de pied en cap et équipé d'un fusil, ce qui était illégal à cette époque de l'année. Raisonnables, la Bergère et son compagnon ont descendu aussi vite et silencieusement que possible le versant de la montagne et ont choisi, pour rentrer, un autre itinéraire. Quelques kilomètres plus loin, ils sont tombés sur un torrent qui dévalait des affleurements rocheux. Alors qu'ils traversaient le gué avec prudence, ils ont entendu du bruit. Ils ont levé la tête et ont découvert les deux hommes armés, en amont, campés sur des rochers. Les deux chasseurs, leurs fusils pointés vers eux, ne les quittaient pas des yeux. Nos deux cavaliers, qui n'étaient pas armés, se sont éloignés aussi vite que possible. Ils avaient mis les chasseurs en colère en perturbant leur traque.

Cela me rend reconnaissant d'avoir un petit lopin de terre sur les berges de la Nore. Ici, pas d'hommes en armes ni de cougars feulant dans les vertes étendues. Juste le bêlement de nos moutons chocolat, le chant des oiseaux et, parfois, le glapissement du renard, sur fond de monts Blackstairs dans le lointain.

## 11

## Noël à Black Sheep Farm

Alors que décembre touche à sa fin, les nuits sont les plus longues de l'année. Le solstice d'hiver, jour le plus court, tombe le 21 décembre. Et vingt et un, c'est cinq moutons plus un quart, si l'on compte en pattes.

La plupart du temps, après le déjeuner – qui, en cette saison, se compose d'une soupe ou d'un ragoût –, je sors avec la Bergère et notre équipe canine pour choisir une petite branche de houx, chargée de nombreuses baies rouges, et une autre de chêne avec de jolis bourgeons afin de préparer notre expédition pour célébrer le solstice. Pendant que nous cherchons nos branches, Pepper commence à s'exciter. Il en a les pattes arrière qui tremblent, car il sait que l'aventure va bientôt commencer. Mais même ainsi, il n'aboie presque jamais. Il réserve son jappement grave et sourd aux blaireaux, aux renards et aux passants inconnus qui entrent dans la ferme. Il est assez intelligent pour reconnaître les différents bruits de moteur et, quand c'est la Bergère qui rentre, il ne profère pas un son.

Le houx et le chêne représentent le folklore et la mythologie : la bataille entre le Roi Houx et le Roi Chêne alors que l'année passe lentement d'une saison à l'autre. L'un des monarques règne sur la première moitié de l'année, l'autre sur la seconde. Les deux solstices ont une importance cruciale en tant que jour et nuit les plus longs. La bataille entre les deux rois se produit chaque année pendant l'équinoxe, lorsque le jour et la nuit ont la même durée, au changement de saison. Lors du pic de lumière naturelle ou, au contraire, lorsque la nuit l'emporte, l'un des rois est le plus puissant.

Le Roi Houx règne au plus haut lors du solstice d'hiver, avant que les jours commencent à rallonger avec davantage de lumière et la renaissance de l'éclatant soleil, qui donne la vie à la terre. Avec la chaleur du printemps, le Roi Chêne sent la sève recommencer à circuler, les bourgeons éclore, les feuilles s'ouvrir et les fleurs apparaître. Avec le solstice d'été, le Roi Chêne prend le pouvoir et étend ses grandes feuilles tout en faisant mûrir ses glands. Lors de l'équinoxe d'été, en juin, il reste sur le trône. Les premiers indices de l'approche de l'hiver surviennent en septembre, quand le Roi Chêne commence à se flétrir, avec sa couronne de feuilles qui brunit pour bientôt tomber, comme les glands à ses pieds. Alors, le Roi Houx revêt son manteau de monarque avec ses feuilles vertes qui brillent dans la lumière de septembre et ses baies qui se gonflent et commencent à virer au rouge.

Le jour du solstice d'hiver, la Bergère rassemble un groupe d'amis humains et Pepper, qui a toujours aimé les aventures à l'extérieur de la ferme. Pour ma part, je préfère rester chez nous. Après un long trajet sur de petites routes tortueuses de campagne, ils se garent et se réunissent au pied d'une colline qui surplombe le village de Tullaghought. Alors commence l'ascension d'un long sentier étroit, boueux et caillouteux, bordé de hautes haies de part et d'autre, jusqu'à une grille. Ils passent par-dessus, sans oublier de soulever Pepper, qui ne peut pas se faufiler, car elle est couverte de grillage. Ensuite, ils contournent un grand étang peu profond, parfois gelé. Si la glace est assez solide, les humains jettent des pierres pour le plaisir de les voir glisser et d'écouter le bruit comique qu'elles produisent en rebondissant. Pepper affirme que c'est comme de faire des ricochets, car les pierres semblent sauter sur la glace. Il adore leur courir après, mais sait rester prudent lorsque la couche est trop mince.

Après cette montée, ils traversent une vieille cour de ferme parsemée de ruines d'anciens bâtiments de pierre recouvertes de mousse. Après s'être un peu enlisés dans la boue de la cour, ils reprennent l'ascension, puis tournent dans une allée abritée par des arbres et longée par des murs de briques mangés de mousse et de fougères. Ils persévèrent alors que la pente se fait plus raide, à travers champs et par-dessus la crête la plus haute, où ils débouchent sur le plateau du dolmen de Baunfree.

Le site mégalithique comprend un cercle de pierres et offre un panorama spectaculaire sur la région de Kilkenny, de Tipperary et de Waterford. Ces dernières années, comme les forêts ont poussé, on ne voit plus la mer après Waterford. Le groupe arrive juste avant le coucher du soleil. La Bergère pose sa petite branche de houx, couverte de baies, et sa brindille de chêne, avec ses gros bourgeons, sur l'une des plus hautes pierres levées, en hommage aux personnes qui ont érigé ce cercle monumental. Puis elle ouvre son Thermos de chocolat chaud et remplit, pour chacun, une tasse en fer-blanc. Tout le monde lève sa tasse à la nouvelle année, qui va voir les jours rallonger. Pepper aime cette expédition, car, debout sur la colline, il hume l'air et perçoit toutes les odeurs de la journée qui montent des kilomètres à la ronde. Quand il rentre à Black Sheep Farm, il me raconte tout, et je ne peux réprimer un pincement d'envie à l'idée que la Bergère ne m'invite pas à participer à ce rituel.

Pepper me dit que, lorsque l'obscurité tombe, ils descendent à la lumière de lampes torches jusqu'à leurs voitures et se rendent au pub du village pour se réchauffer avec un porto chaud, l'équivalent irlandais du célèbre vin chaud. En chemin, ils passent devant une maison couverte de toutes les décorations de Noël imaginables. Ainsi, ils savourent deux univers irlandais bien différents : les magnifiques ruines des tribus disparues, qui saluaient autrefois le retour du soleil et des longues journées, et la nuit noire transpercée par les éclatantes guirlandes électriques de toutes les couleurs de notre monde moderne.

D'autres années, je crois, leur pèlerinage du solstice d'hiver les a conduits au dolmen de Knockroe, un lieu de cérémonies néolithique niché sur le versant sud de Kilmacoliver Hill. L'édifice funéraire s'aligne avec le soleil couchant vers la montagne de Slievenamon, dans le comté de Tipperary. Quand le ciel n'est pas trop nuageux, le soleil darde un rayon entre les deux pierres sculptées, à l'arrière du couloir.

Ce phénomène hivernal est semblable à ceux des dolmens de Newgrange, Knowth et Loughcrew. Newgrange est sans doute le plus connu, car le soleil d'hiver atteint le fond du tombeau, mais Knockroe est l'une des tombes les plus décorées en dehors de la Boyne Valley et, ces dernières années, les gens s'y sont rassemblés de plus en plus nombreux. Il est devenu difficile de voir ce merveilleux spectacle le 21 décembre.

Une fois, il y a longtemps, quand la Bergère était toute petite, elle est allée pique-niquer avec son grand-père, sa sœur, un cousin et des amis de son grand-père. Des archéologues avaient commencé à restaurer ce site bien avant que les visiteurs affluent. Les prés environnants étant envahis d'orties et de chardons. Ils se sont assis sur le sommet herbeux du tumulus de Newgrange pour dévorer du pain beurré avec des tranches de tomates cueillies le matin même dans le potager de Black Sheep Farm.

Pendant qu'ils déjeunaient, certains des archéologues se sont aperçus que ces visiteurs étaient très intéressés par le site.

Ils ont proposé au grand-père de la Bergère de descendre une échelle pour visiter l'intérieur d'un autre tumulus. Le grand-père ne se l'est pas fait dire deux fois. La Bergère s'est faufilée derrière lui et est descendue dans la chambre funéraire obscure. Depuis l'ouverture, au-dessus d'eux, l'archéologue utilisait sa lampe torche pour éclairer différents éléments.

La petite Bergère n'a pas compris grand-chose à la conversation archéologique, mais cette expérience a été une aventure mémorable. Après être ressortis, ils ont suivi l'archéologue dans un deuxième tunnel, qui débouchait sur une excavation prenant la forme d'un grand bol de pierre.

— Va t'asseoir dedans, a suggéré l'archéologue à la petite Bergère. Tu seras sans doute la dernière enfant à avoir ce plaisir. Nous allons fermer la chambre avec des barreaux pour la protéger des vandales.

La Bergère se souvient bien de s'être pelotonnée, ses jambes maigrelettes repliées sous elle, dans la pierre froide et lisse de cet antique bol poli, et d'avoir regardé la lumière vive de l'été à l'autre extrémité du tunnel. Le bol avait été placé dans le tombeau avant la construction du tunnel, puisqu'il n'aurait jamais pu y passer. On peut donc dire qu'enfant, la Bergère s'est assise dans un bol de l'âge de pierre plus vieux que les pyramides d'Égypte.

Les étoiles brillent très fort au matin de Noël, dans le ciel noir sans lune. Dans le silence qui règne, on n'entend qu'une renarde qui, lors de ses trois jours de chaleurs, pousse des glapissements aigus pour attirer un mâle. Le gel renforce sa prise sur les herbes des prés dans la lumière qui annonce l'aube.

La période de l'agnelage est celle où nous sommes tous dans la bergerie de mise bas, à attendre et anticiper la naissance des agneaux de la nouvelle saison. Pour me protéger du froid, j'ébouriffe mon pelage d'hiver. Je suis toujours de quart et je tiens compagnie à la Bergère. Manique, mon apprenti Chat de Berger, fait aussi de brèves apparitions pour s'asseoir sur les genoux de la Bergère. Il s'installe ensuite sur le dos d'une brebis lovée près des pieds de notre maîtresse et qui ainsi lui réchauffe, sans le vouloir, les orteils. Pour survivre au froid, la Bergère boit une tasse de thé, qu'elle tient entre ses mains pour profiter de la chaleur. Elle attend de voir si l'on a besoin d'elle. Nous surveillons tous une brebis sur le point d'agneler. On n'entend rien d'autre que le bruissement de la paille alors que la brebis tourne en rond et piétine dans l'impatience d'avoir son premier agneau. Manique et moi, nous ronronnons tous deux, réconfortés d'être entouré. Les autres brebis dorment paisiblement dans la paille ou ruminent avec application. Le temps continue de tisser son lent chemin dans ces moments de calme et de réflexion. Cela aide à renforcer le motif brodé dans le tissu de notre vie, et aussi à digérer les événements frénétiques qui s'y succèdent.

Comme Noël approche, la Bergère a toujours peur de manquer d'œufs pour le lait de poule. Pendant les mois d'hiver, les œuf-théticiennes pondent moins à cause des journées plus courtes. Elles entrent dans une période de repos hivernal. Alors, la Bergère ramasse ces rares œufs et les garde jalousement pour un matin de Noël festif, quand les cousins qui habitent les environs et les invités se réunissent pour un lait de poule maison.

Lorsque la demeure se remplit d'amis et de parents à quelques jours de Noël, on organise souvent un atelier ludique pour fabriquer des décorations. Depuis toujours, la tradition à Black Sheep Farm est de confectionner des guirlandes de papier. Depuis quelques années, s'y sont ajoutées des chaînes de pop-corn et de canneberges.

Nous sortons tous dans les prés pour marcher le long des haies en quête de houx et de gui pour décorer la maison. Pendant l'automne, la Bergère et moi, nous repérons les endroits où les baies de houx sont les plus nombreuses. Nous croisons les doigts pour que les oiseaux affamés ne les mangent pas avant Noël.

Mais l'avent fait aussi remonter des souvenirs tristes pour la Bergère, car sa grand-mère est morte trois jours avant Noël, en 1996. C'était la première fois que la Bergère revenait en Irlande après sa maladie. Elle était là avec sa mère et son père, bien qu'elle doive être déplacée en fauteuil roulant dans les couloirs des aéroports tant elle était encore affaiblie par ses trois années de maladie.

Dans la voiture, qui roulait dans la pénombre de l'aube depuis l'aéroport de Dublin, la Bergère essayait de rester bien droite pour contempler la campagne endormie par l'hiver, mais elle était bien trop fatiguée. Elle s'est allongée sur la banquette arrière et a dû se contenter des odeurs alors qu'ils filaient vers le sud, en direction du comté de Kilkenny. Elle reconnaissait les senteurs caractéristiques de l'agriculture, en particulier l'arôme fermenté et sucré, semblable à celui de la mélasse, du fourrage alors que les fermiers nourrissaient vaches et moutons dans la lumière du petit matin. En approchant de la maison, ils traversaient des villages dont les habitants s'éveillaient et allumaient leurs cheminées. L'agréable odeur âcre du feu de tourbe se glissait par les fenêtres fermées de la voiture, une autre madeleine pour la Bergère, après sa longue absence à New York, puis à Londres et en Asie, avant de venir récupérer chez ses parents en Virginie. Pour elle, c'étaient les odeurs de la maison.

Le lendemain, revigorés par une bonne nuit de sommeil, la Bergère et son père ont rendu visite à la grand-mère dans un hôpital. Elle était allongée sur son lit, les yeux fermés, la respiration calme, apparemment endormie et confortablement installée. La Bergère a demandé à une infirmière si sa grand-mère était capable de se réveiller et si elle était consciente que sa petite-fille était là. L'infirmière a répondu que l'ouïe était le dernier sens qui restait actif à ce stade, et qu'il fallait qu'elle parle à sa grand-mère pour lui dire qu'elle était près d'elle. La Bergère s'est assise sur une chaise, à côté du lit, et lui a pris la main, qui était posée, tiède, sur le drap bien blanc de l'hôpital. Elle est restée un petit moment immobile, main dans la main avec sa grand-mère, repassant toute une vie de souvenirs dans sa tête.

Leur dernière rencontre remontait à trois ans, quand la Bergère avait été amenée à Black Sheep Farm très malade, pour faire une pause dans son voyage depuis Londres jusque chez ses parents aux États-Unis. Sa grand-mère, malgré les intenses douleurs de ses genoux et de ses hanches arthritiques, se hissait à l'étage chaque jour pour rendre visite à la Bergère dans sa chambre. La Bergère était restée allongée dans ce lit pendant un mois, à écouter la vie de la maison et les bruits distants de la ferme. Le vent et la pluie battaient contre la fenêtre, les chiens aboyaient et les vaches, au loin, meuglaient en attendant leur pitance. Elle écoutait les corneilles croasser en délaissant leur perchoir dans les arbres tout près de la maison, chaque matin, annonçant au monde qu'elles quittaient leur chambre à coucher avec un croassement caustique. Puis, les jours de calme, quand ni le vent ni la pluie ne secouait les vieux panneaux de verre des fenêtres, elle les entendait revenir dans un froissement d'ailes et un jacassement bruyant alors qu'elles échangeaient les derniers ragots avant de s'installer pour la nuit.

Elle aurait aimé trouver la force de descendre pour s'asseoir à côté du feu de cheminée avec sa grand-mère, mais la maladie la maintenait immobile, et elle restait donc clouée dans son lit. Sa maman montait des bûches et de la tourbe pour allumer et entretenir le feu dans la cheminée de sa chambre. Mais, pendant de longues heures, chaque jour, elle n'avait d'autre compagnie que ses pensées.

Alors qu'elle avançait dans ses souvenirs, la Bergère s'est mise à parler à sa grand-mère, allongée si immobile sur son lit d'hôpital. Pendant que la Bergère demeurait là, son père est sorti de la chambre pour discuter de l'état de santé de la grand-mère avec les médecins. La grand-mère était du genre religieux, qui aime la musique classique et chanter à l'église. Bien que la Bergère aille très rarement à la messe, elle avait retenu quelques hymnes et cantiques. Elle a choisi de chanter un vieux gospel. Elle se souvenait que sa grand-mère lui avait souvent raconté comment les Juifs avaient traversé le Jourdain. Elle a d'abord fredonné l'introduction, puis a chanté à voix basse, penchée vers l'oreille de sa grand-mère afin qu'elle seule entende. Elle ne voulait pas déranger les infirmiers, médecins et patients des autres chambres.

*Balance-toi, doux chariot*
*Qui vient me ramener à la maison.*
*Balance-toi, doux chariot*
*Qui vient me ramener à la maison.*
*J'ai regardé par-delà le Jourdain, qu'ai-je vu*
*Qui vient me ramener à la maison ?*
*Un groupe d'anges venus pour moi*
*Qui vient me ramener à la maison.*
*Balance-toi, doux chariot*
*Qui vient me ramener à la maison.*

*Balance-toi, doux chariot*
*Qui vient me ramener à la maison.*
*Si tu arrives avant moi,*
*Qui vient me ramener à la maison.*
*Dis à tous mes amis que j'arrive,*
*Qui vient me ramener à la maison.*

Alors qu'elle chantait, la Bergère a senti un mouvement imperceptible dans la main qu'elle tenait. Grand-mère avait-elle entendu le chant ? Savait-elle que la Bergère était là ? Elle s'est mise à chanter plus fort, d'une voix plus grave. Elle a vu alors des larmes couler sous les paupières que sa grand-mère gardait fermées contre la lumière crue du matin d'hiver. Les larmes roulaient sur ses joues pâles alors qu'elle restait si immobile. Pendant que la Bergère attendait le retour de son père, elle a entonné la chanson préférée de sa grand-mère, que la vieille dame chantait souvent à la Bergère et ses frères et sœurs quand ils étaient petits. Aujourd'hui encore, la Bergère se souvient de la voix de sa grand-mère reprenant cette chanson virginale :

*Je suis une demoiselle et triste est ma chanson*
*Car autrefois je fus courtisée par un moussaillon.*
*Il me courtisait sans relâche jour et nuit,*
*Mais qu'il est loin, mon marin, aujourd'hui !*

(Refrain)

*Si j'étais un merle qui chante comme il respire*
*Je suivrais à tire-d'aile la course du navire*
*Et sur le plus haut mât mon nid je construirais*
*Et sur son blanc poitrail la tête je poserais.*

*Il m'a promis de m'emmener à Donnybrook, au marché,*
*De m'offrir des rubans rouges pour mes cheveux bouclés*
*Et que, lorsqu'il rentrerait par-dessus l'océan*
*Il me rendrait heureuse pour toujours en m'épousant.*

(Refrain)

*Ses parents me méprisent et ne veulent pas de moi.*
*« Épouser notre fils, ce n'est pas pour toi ! »*
*Mais quand il rentrera, je serai pleine de bonheur*
*Et à mon beau marin, je donnerai mon cœur.*

Une fois la chanson terminée, une sorte de calme immobile a empli l'air. Les souvenirs de la Bergère lui revenaient en masse : elle se revoyait entourée de seaux en fer-blanc débordant de fleurs coupées dans le jardin, l'air saturé de toutes sortes de fragrances, celle des œillets de poète, des roses-thé ou des pois de senteur. Sa grand-mère chantait tandis que toutes deux nouaient les fleurs en bouquets avec du raphia pour les vendre au marché le lendemain.

Le père de la Bergère est entré dans la chambre et lui a dit qu'ils reviendraient dans l'après-midi pour une autre visite. Ils ont quitté l'hôpital et sont rentrés à Black Sheep Farm pour déjeuner. Ils repasseraient l'après-midi avec la mère de la Bergère. Alors qu'ils entraient dans la cour, la mère est sortie à leur rencontre :

— L'hôpital vient d'appeler. Grand-mère est morte. Ils m'ont dit que c'était arrivé juste après votre départ.

Bouleversée, la Bergère se sentait à la fois triste et heureuse – heureuse d'avoir pu passer du temps avec sa grand-mère avant sa mort et de lui avoir chanté ces deux chansons.

La veille de Noël, ils ont enterré la grand-mère à côté du grand-père, dans le cimetière de la petite église où plusieurs générations de sa famille étaient ensevelies, où les parents de la Bergère s'étaient mariés et où elle avait été baptisée. Ce Noël-là a été célébré en toute simplicité. Au sein de la famille proche, on n'a pas échangé de cadeaux. Nombreux ont été les amis à les inviter, mais ils ont préféré rester à Black Sheep Farm et dîner avec les divers présents que les amis et les connaissances leur avaient apportés. Ils avaient déposé des œufs frais, une bouteille de champagne et du saumon fumé. D'autres avaient offert du pain fait maison, du lait et un pot de confiture. Le jour de Noël a débuté par un petit déjeuner composé de tartines et d'un thé Barry bien fort. Le repas de fête a consisté en œufs brouillés avec du saumon et des câpres. Ils ont fait ensemble le tour de la ferme, ils ont pris l'air, sans se soucier de préparer un somptueux repas. Ils se sont serré les coudes.

Certaines années, Noël est terriblement compliqué, car la Bergère et moi, nous accouchons les brebis en plus de préparer les repas et de participer aux festins. Avec ces événements qui s'entremêlent, il arrive que la Bergère soit en retard à un repas parce qu'une brebis est en train de mettre bas. Dans tous les cas, elle sort entre les plats pour vérifier si une future mère n'est pas sur le point d'entrer en travail. S'il y a des invités le jour de Noël et qu'une brebis doit accoucher, tout le monde met des bottes et vient assister à la naissance. Une fois l'agneau arrivé et occupé à téter sa mère, les habitants de la maison retournent dîner et célébrer cette nouvelle vie, née à une date si festive.

Comme la famille de la Bergère est à moitié américaine, Noël n'est pas une fête aussi importante que Thanksgiving, mais la nourriture reste centrale tout de même. Traditionnellement, dans la famille de la Bergère, on commence par un lait de poule relevé de brandy le matin du 25, avec les amis et connaissances passés rendre visite. Le repas principal de la journée est amorcé par du saumon fumé sur du pain complet. La volaille est choisie en fonction du nombre de personnes qui assisteront au dîner. Certaines années, un canard suffit ; d'autres, au contraire, il faut une dinde. Entre les deux, une oie est un bon compromis. En accompagnement, ce sont des pommes de terre rôties, des choux de Bruxelles avec des noix, de la sauce et, pour finir, un pudding flambé, arrosé d'un nappage au brandy.

La famille ne s'est écartée de ces traditions que deux fois : pour la mort de la grand-mère et pendant la vague de froid de 2010. Les canalisations avaient gelé et il n'y avait ni eau ni chauffage central. La Bergère et ses invités ont dû puiser de l'eau à la source de l'aquifère, de l'autre côté des prés, et rapporter les seaux jusqu'à la maison et aux écuries. La Bergère se souvient encore de la vapeur qui s'élevait de l'eau tiède de la source dans l'air glacé alors qu'autour, tout était gelé. Elle se rappelle aussi avec tendresse les assiettes et gobelets en carton qu'ils ont utilisés pour le repas de Noël, car il était impossible de faire la vaisselle. Parfois, ce sont ces Noëls particuliers que l'on se remémore, qu'ils soient tristes ou joyeux.

Souvent, la Bergère emmène un groupe d'invités sonner la nouvelle année à Saint-Canice, la cathédrale qui se dresse sur une colline, en surplomb de ma ville natale de Kilkenny. Ils dînent d'un bon bol du chili de la Bergère, accompagné de riz, puis partent en voiture jusqu'à la ville, à une demi-heure de là. Ils arrivent vers 23 h 30. Une fois dans l'édifice, ils suivent les autres sonneurs par une petite porte et grimpent l'étroit escalier en colimaçon, usé par des siècles de passages. Ils entrent dans la chambre de la sonnerie, où plusieurs cordes pendent par des trous dans le plafond. À l'approche de minuit, les sonneurs accompagnent la mort de l'année écoulée en sonnant les cloches avec des battants assourdis afin de produire un faible son. Puis, à minuit moins cinq, plusieurs sonneurs grimpent en vitesse un nouvel escalier de pierre et franchissent un seuil étroit. Ils sortent sur le toit de la cathédrale, le traversent, puis entrent par une porte de bois dans la chambre des cloches, où ils enlèvent les enveloppes de cuir qui assourdissent les battants. Lorsque commence le compte à rebours, le crieur égrène les chiffres : « Trois, deux, un… » Alors, le sonneur tire sur la corde et la roue de la cloche se met à tourner. Lorsque la cloche sonne l'heure, il crie : « Elle y va, elle y va, elle est partie ! » Après douze coups, un crieur annonce quelle cloche sera sonnée ensuite et, bientôt, le carillon s'entend dans toute la ville depuis Saint-Canice et tous les autres clochers, résonnant dans l'air froid de la nuit.

Alors que l'ancienne année est accompagnée vers la sortie, la nouvelle commence avec des agneaux nouveau-nés, qui débarquent à toute heure du jour et de la nuit. Certains hivers, le froid est très rude, mais c'est aussi le moment où les zwartbles se montrent le plus dociles et où leur lait est le meilleur : le colostrum, premier lait doré après la naissance, vient nourrir ces agneaux qui souffrent. À Noël 2010, une météo glaciale a fait geler toutes nos canalisations et la Bergère a dû puiser des seaux d'eau à la source de notre aquifère pour nourrir les animaux. Le vent est devenu si froid que les agneaux, encore humides à la naissance, sont rapidement tombés en hypothermie. La Bergère les a frottés avec de la paille sèche, a trait les brebis et administré le colostrum aux agneaux avec un tube. Pour intuber un agneau, on doit faire passer un tuyau dans sa bouche jusqu'à l'estomac, en prenant bien garde de ne pas l'introduire dans les poumons. Une fois qu'il est en place, la Bergère injecte du colostrum avec une seringue pour l'expédier dans l'estomac du nouveau-né.

Pour prévenir l'hypothermie, elle a installé des lampes à chaleur dans la bergerie et a emmené les nouveau-nés encore mouillés dans la cuisine afin de les faire sécher en les réchauffant dans le four du bas de l'Aga. Dans les moments les plus intenses, on a eu jusqu'à trois agneaux dans le four et deux sous les lampes, à l'abri de ce vent tueur. Cette mémorable période de froid polaire en pleine saison d'agnelage nous pousse à espérer un temps irlandais typique et tempéré… ce qui n'empêche pas d'autres épreuves de surgir quand nos brebis mettent bas.

Cela fait maintenant près de vingt ans, mais, si je le lui demande, la Bergère essaie de se souvenir des premiers jours de Black Sheep Farm. Quelques mois après la mort de la grand-mère, lorsque le printemps est arrivé, la Bergère a décidé de rentrer en Irlande de façon définitive et d'essayer de vivre à Black Sheep Farm. Au début, elle était trop affaiblie pour se lancer dans l'agriculture, mais elle était capable de parcourir le jardin à l'abandon, véritable jungle de ronces, d'orties et de pousses de frêne. Elle y a retrouvé le carré de rhubarbe et a cueilli des bâtons pour les cuisiner. Elle a aussi découvert des choux prêts à être récoltés, qui avaient poussé là tout seuls. Elle les ferait frire avec du beurre, des graines de cumin et de l'huile de sésame. Elle a récolté les jeunes orties pour les cuire à la vapeur ou en soupe. L'été de cette année-là, elle a trouvé des baies – framboises, groseilles à maquereau, mûroises, cassis et groseilles – ensevelies sous des années de broussaille. Tout cela a été mangé, transformé en confiture, cuisiné ou congelé pour plus tard. À l'automne, pommes, figues, poires et prunes ont mûri à foison sur les arbres, et les branches du noisetier ont ployé sous les fruits. Là encore, rien n'a été perdu. La Bergère a cueilli et cuisiné, rempli le congélateur et le placard à confitures. Ensuite, elle a retrouvé suffisamment de forces pour commencer à nettoyer des pans de jardin. Elle a taillé les arbres qui ne l'avaient pas été depuis vingt ans. Elle a coupé du bois mort, comme son grand-père le lui avait appris.

Depuis son retour en Irlande, à la fin du printemps, la Bergère n'avait que des tenues pour un temps clément. À l'approche de l'hiver, de vieux amis lui ont généreusement offert les vêtements qu'ils ne portaient plus, et elle a commencé à prendre ses marques à Black Sheep Farm. Pendant ses longues années loin de la ferme, la Bergère avait appris la photographie. Après dix-huit mois de lente convalescence, les forces revenant un peu, elle est parvenue à décrocher un emploi de professeur de photographie à Kilkenny et à Thomastown. Au printemps suivant, le fermier bouclé lui a donné le premier de ses trios d'agneaux produits par les brebis qu'il gardait comme animaux de compagnie, et sa vie d'éleveuse a été lancée. À l'époque, les pâtures de la ferme étaient louées à un voisin. Aussi, à l'aide de palettes, elle a clôturé une partie du jardin et des pelouses autour de la maison pour créer des enclos herbeux afin que les nouveaux venus puissent brouter. Comme les forces continuaient à lui revenir petit à petit, elle a récupéré le rythme saisonnier de la vie agricole. Le troupeau s'est agrandi, et le fermier qui louait les pâtures a fini par partir. Elle a repris les rênes et s'est mise à gérer l'ensemble des petits prés autour de la demeure, les cours de ferme et le verger.

# 12

## La menace du virus

C'est en janvier qu'a lieu l'agnelage d'hiver. La Bergère a derrière elle des années d'expérience de mises bas, et elle me raconte souvent cette période dont j'ai déjà parlé, qu'elle a passée dans une ferme de Wicklow, en 1982, à travailler sept heures par jour, avec une seule journée de repos en tout et pour tout pendant toute la durée de son contrat.

Une jeune fille au pair vivait aussi à la ferme. Un jour, elle a proposé à la Bergère de l'accompagner à Dublin, où elle avait l'intention de s'offrir une manucure dans un centre commercial très chic. La Bergère a regardé ses mains striées de saleté, les lignes et les crevasses devenues noires après des semaines passées à faire naître les agneaux, mais elle a accepté. Une manucure serait peut-être idéale, songeait-elle, pour réparer les dégâts de plusieurs semaines de dur labeur. Elle a montré ses mains à l'esthéticienne et a demandé :

— Que pouvez-vous faire pour moi ?

La femme a pâli.

—Ah, mais je ne peux rien faire pour des mains comme ça ! Tout ce que je suis en mesure de vous conseiller, c'est de les tartiner de vaseline et de les envelopper dans des sacs en plastique pendant que vous prenez un bon bain chaud.

La Bergère n'avait jamais été très coquette. La vie à la ferme n'exige guère d'efforts de présentation, et elle porte des vêtements confortables et chauds, sa crinière grise attachée en queue de cheval afin de ne pas l'avoir dans les yeux quand elle marche dans les prés avec moi pour surveiller le troupeau.

Alors que l'agnelage se poursuit tout le mois, je passe du temps dans la bergerie, assis sur un ballot de foin rond. On y est au calme, à l'abri du vent et des intempéries, mais la pièce s'emplit d'air frais, car elle possède un côté ouvert, en face d'une colline. Notre bergerie a lentement pris forme au fil de longues années. Quand la Bergère est rentrée à la maison, ce n'était qu'un coin boueux dans notre Pré du chargeur à vent, avec de vieux murs de pierre sur deux côtés, des piliers de bois pourris couverts de toiles d'araignées et qui maintenaient un toit de tôle. Ça ressemblait plus à une passoire qu'à un abri contre la pluie. À côté se trouvait une immense pile de gravats, de pierres, de briques, de tuyaux rouillés, de barbelés avec des piquets vermoulus et de vieux morceaux de toit mangés par la rouille eux aussi. Le tout était couvert de chardons, d'orties et de mottes d'herbe drue, mais les agneaux adoraient y danser, courir et gambader pour jouer à chat perché.

À un moment, notre ancien appentis a été démoli. On a creusé une excavation pour installer un drain et un sol gravillonné, puis on a érigé une structure en acier et installé un nouveau toit de tôle. La première année avec cette bergerie à deux entrées a été un pur bonheur pour les brebis et les agneaux. Un muret a été construit à une extrémité pour stabiliser le sol malgré la pente. Les agneaux adoraient entrer et sortir de la bergerie en courant, galoper dans la petite montée, puis sauter du muret dans un lit de paille propre. Chaque fois que leurs mères étaient occupées à manger, ils reprenaient leur course folle. La Bergère s'appuyait contre le mur comme un flamant rose sur une patte, un pied posé à plat contre la pierre, la jambe pliée, ce qui m'offrait un parfait escabeau pour monter regarder les agneaux folâtrer sans risquer qu'on me marche sur la queue.

Au fil des ans, la bergerie a été agrandie et l'on a coulé une dalle de ciment. On a installé un petit enclos grillagé afin de pouvoir travailler avec les moutons, les vacciner, les vermifuger, les tondre, leur mettre une étiquette, pour le sevrage, la vente, et pour tous les soins en cas de maladie. Aujourd'hui, avec ses deux murs solides, son abat-vent en bois à l'extrémité, c'est l'endroit où je supervise le travail de la Bergère. Dans notre ferme, il n'y a pas de meilleur emplacement pour l'agnelage pendant les mois d'hiver. Avec suffisamment d'aération pour éviter l'excès de chaleur, et tant qu'il ne souffle pas un vent mordant du nord-est, les agneaux sont bien installés dans la paille, près de leurs laineuses mamans.

Autrefois, il y avait, dans la bergerie, un vieux fauteuil confortable avec une structure en bois couverte d'un antique rembourrage en crin de cheval. Je m'y blottissais en période d'agnelage ou le partageais avec la Bergère pendant que nous attendions une mise bas. Un été, un visiteur est tombé amoureux de notre fauteuil, et la mère de la Bergère le lui a donné. Elle ne s'était pas rendu compte que c'était notre fauteuil d'agnelage bien-aimé, car il avait un aspect triste et négligé, couvert de toiles d'araignée et de poussière, dans un coin obscur de la bergerie. On a quelque part une photo de Pepper jeune, assis dessus alors qu'il prenait sa garde auprès de nos moutons, à l'époque où nos box à agneaux étaient faits de palettes.

Il y a longtemps, quand l'agnelage se produisait au printemps, nous étions en train de nourrir les moutons dans le pré lorsque la Bergère a remarqué que l'une des suffolks texels ne semblait pas avoir faim. Elle passait son temps à se lécher les lèvres, un signe qui ne trompe pas : elle était sur le point de mettre bas. Vous vous souvenez sûrement d'elle : c'était notre fameuse Mrs Yéti, avec son esprit indépendant. J'ai aidé la Bergère à la séparer du troupeau dans le pré, et nous l'avons emmenée dans la bergerie. Elle allait être la première à agneler de l'année, et nous espérions tous que tout se passerait bien. La Bergère avait accouplé cette brebis à mon bélier zwartbles, et espérait vivement deux agneaux au minimum. Les années précédentes, la brebis avait toujours mis bas sans problème. Elle avait l'habitude d'agneler toute seule, d'avoir des jumeaux, voire plus, et de les élever avec brio.

Après quelques heures, nous avons vu la première poche amniotique apparaître : la naissance était imminente. Une demi-heure plus tard, la poche s'est rompue, mais nous ne voyions toujours rien arriver. La Bergère a inspecté les voies naturelles et a trouvé deux pattes arrière. Cette position est dangereuse. Quand un agneau se présente par le siège, il arrive souvent qu'il respire avant d'être sorti. Il risque alors de s'étouffer dans le liquide amniotique. Aussi la Bergère a-t-elle saisi sans attendre les membres postérieurs : elle les a tirés aussi vite qu'elle l'a pu. Malheureusement, le bel agneau mâle était déjà mort.

Sans perdre une seconde, la Bergère a entré la main pour chercher le deuxième petit, qui se présentait aussi par le siège. Elle l'a sorti aussitôt, vivant et toussant, puis lui a essuyé la figure et l'a placé devant la brebis pour qu'elle puisse commencer à créer un lien avec lui. Elle a alors remis les mains dans le ventre de la mère pour voir s'il s'y trouvait un troisième agneau… et c'était le cas. Elle le sentait s'agiter. Un très mauvais signe, car il risquait de se noyer dans le liquide amniotique. Lui aussi se présentait mal, et elle l'a extrait le plus vite possible. Elle lui a dégagé les voies respiratoires, puis l'a attrapé par les pattes arrière et s'est mise à tournoyer sur elle-même, l'animal au bout des bras comme le rayon d'une roue, afin de faire sortir de ses poumons le liquide qui s'y trouverait. Après quelques tours, la petite brebis a pu respirer normalement. La Bergère l'a frottée vigoureusement avec de la paille propre, ainsi que son frère, afin de les sécher et de les inciter à bouger. Lorsqu'elle les a quittés, ils respiraient sans peine, avaient la tête levée et poussaient de petits bêlements. Mrs Yéti était occupée à les laver à coups de langue et à leur murmurer joyeusement des paroles de maman brebis.

— Quelle galère de faire sortir trois agneaux par le siège, a soupiré la Bergère en quittant la bergerie. J'ai peur qu'on perde aussi la troisième, bien que je lui aie fait le coup de l'hélicoptère.

Tant qu'il est dans l'utérus, l'agneau grandit sans problème, baigné dans une mer tiède de fluide qui le protège des chocs éventuels. Le danger commence quand la naissance est imminente. Si un agneau ne s'est pas positionné pour sortir, avec les sabots avant en premier et la tête entre les genoux, mais qu'il se trouve tourné, présentant ses pattes arrière, le risque d'ingestion de liquide amniotique est accru. Il en mourra si l'on n'intervient pas très vite avec les bons gestes. Par exemple, l'attraper par les pieds pour le faire tournoyer permet d'utiliser la force centrifuge afin de chasser le liquide de ses poumons. Je ne vous conseille pas de rester trop près, sauf si vous avez envie d'être aspergé de liquide amniotique visqueux. Manique a ainsi reçu une masse gluante sur le museau alors qu'il tentait d'aider la Bergère en donnant des coups de patte dans les sabots de l'agneau lorsqu'il passait à toute vitesse devant le ballot de foin où il était installé.

Lorsque je suis retourné plus tard, avec la Bergère, voir comment se portaient les deux rescapés, nous avons trouvé l'agneau mâle debout, occupé à chercher les mamelles de Mrs Yéti. Malheureusement, la petite femelle ne s'était pas levée : elle était toujours couchée et commençait à avoir froid. Nous l'avons à nouveau frictionnée avec de la paille. Puis la Bergère s'est agenouillée derrière la brebis pour que le dos de l'animal appuie contre son buste. Ainsi, elle a incité la brebis à s'asseoir, les quatre pattes en l'air. Quand on la tient correctement, n'importe quelle brebis se laisse aller contre la personne qui s'occupe d'elle. D'une main, la Bergère a posé l'agnelle sur la peau douce et dépourvue de laine du flanc de sa mère afin qu'elle ait la tête tout près des mamelles. De l'autre main, elle a tiré l'un des pis pour le débarrasser du bouchon formé par le colostrum séché et s'assurer que le lait coule facilement. Puis elle a approché la tête de l'agnelle du pis plein de lait, sans lâcher la mamelle. Elle a ouvert la bouche de la petite avec un doigt. Une fois le mamelon inséré, elle a entrepris de traire la brebis pour faire couler le lait directement dans la bouche de la nouveau-née, qui s'est mise aussitôt à avaler. Cela allait la réchauffer et lui donner la force de bouger les jambes et de se tenir debout. Elle avait déjà l'air mieux. La Bergère a quitté la bergerie, mais, lorsqu'elle est revenue, une demi-heure plus tard, pour vérifier l'état de l'agnelle, elle l'a trouvée qui frissonnait. Elle a placé une lampe à chaleur en prenant soin de la rapprocher de sa mère, Mrs Yéti.

Plus tard, dans la nuit, je suis venu effectuer la ronde du soir avec la Bergère afin de voir comment se portaient les premiers agneaux de la saison. À notre grand chagrin, nous avons trouvé notre agnelle en très mauvaise forme. Elle ne frissonnait plus, avait la bouche froide comme une pierre et le souffle laborieux. Elle était en hypothermie. Il ne restait plus qu'une seule façon de tenter de la sauver. Nous devions la réchauffer le plus rapidement. Nous l'avons amenée dans la cuisine, où nous avons attrapé le premier journal qui nous est tombé sous la main, en l'occurrence le *Irish Farmers Journal* de la semaine en cours. Nous l'avons étalé sur elle comme une couverture et l'avons installée dans le four de l'Aga.

Nous sommes restés toute la nuit à côté du fourneau, à réchauffer le « bébé Aga ». Oscar et moi assurions la garde à tour de rôle depuis le haut du fourneau. Oscar s'est même glissé dans le four pour ajouter sa chaleur et aider la nouveau-née à faire remonter sa température.

Au bout d'un moment, nous avons vu, tous les trois, que l'agnelle avait cessé de frissonner. Elle a même un peu bêlé et essayé de se lever. Nous l'avons aussitôt remise dans le four, car la Bergère trouvait qu'elle avait encore la bouche froide.

Peu après 2 heures, la Bergère s'est dit que l'agnelle survivrait. Elle l'a installée dans une cage pour chien pleine de paille à côté de l'Aga. Ensuite, elle est partie se coucher après nous avoir mis dehors, Oscar et moi, dans l'air glacial de la nuit. Nous avons regagné à toutes pattes le tas de foin dans l'écurie afin de rester au chaud et de voir s'il n'y traînait pas un rat ou une souris pour passer le temps. Ç'a été une longue nuit, sans le moindre rongeur pour nous divertir. Nous avons dû attendre le matin pour savoir si notre première petite brebis de la saison avait survécu. Par miracle, c'était le cas, grâce à notre travail d'équipe, ce qui était de bon augure pour la suite.

Ç'a été alors le remue-méninges pour nous trois. Quel nom lui donner après cette nuit difficile ? Nous avons décidé de la baptiser Aggee, notre bébé Aga. Toujours présente à Black Sheep Farm, Aggee nous donne à son tour de jolis agneaux chaque année. C'est l'une des brebis adultes que je salue d'un petit coup de tête, du moment que les autres ne sont pas jalouses quand je fais preuve de favoritisme.

À présent que nous effectuons les mises bas en janvier, peu de choses ont changé, si ce n'est que le premier mois de l'année correspond à ce moment angoissant où le cycle du virus Schmallenberg (SBV) peut causer des dégâts visibles dans le troupeau. Le SBV porte le nom du beau village allemand où il a été découvert. Il cause des malformations chez le veau et l'agneau. Je me souviens bien de la fois où j'ai aidé la Bergère à faire venir au monde un agneau infecté. Il était tard, par une froide nuit de janvier… En fait, ce n'était pas une froide nuit, mais une nuit glaciale. Le vent parvenait même à s'infiltrer à travers mon épais pelage, et j'étais donc à l'intérieur, douillettement installé, avec le poil gonflé, lové sur le foin odorant de la grange, les yeux fermés, à écouter les rongeurs.

J'ai entendu la porte arrière de la maison se refermer. Je suis sorti pour voir la Bergère traverser la cour en direction de la bergerie, la tête penchée afin d'affronter le vent. Elle était emmitouflée dans plusieurs couches de vêtements. J'ai respiré l'air tranchant, et cela m'a fait me sentir vivant. Le ciel ressemblait à un pan de velours noir dans lequel un chat aurait fait ses griffes, laissant des trous pour la lumière des étoiles. J'ai regardé, bâillé, me suis étiré et léché la figure, puis j'ai emboîté le pas à la Bergère. Le devoir m'appelait.

Je l'ai rejointe juste quand elle a atteint la première grille. Je lui ai indiqué que j'étais là et que je pourrais sans doute l'assister ou lui donner des instructions utiles. Elle a ouvert la porte, puis est entrée, et je l'ai suivie en bavardant dans ma langue, qu'elle comprend après toutes ces années. Je l'ai informée qu'aucun rongeur ne s'était encore montré ce soir-là, mais que j'étais venu avec elle dans la bergerie d'agnelage pour vérifier si une brebis était en travail. J'avais raté l'inspection précédente et ne savais donc pas qu'elle avait déjà une brebis en surveillance rapprochée, car elle avait montré des signes de mise bas imminente.

Nous sommes arrivés dans la bergerie et les brebis ont remué. La Bergère avait laissé les lampes allumées pour éviter de les réveiller en sursaut à chaque fois qu'elle entrerait.

Après avoir repéré la brebis gestante, nous avons tous deux su d'instinct que quelque chose n'allait pas. Alors que je regardais depuis l'extérieur du grand box d'agnelage, j'ai indiqué à la Bergère qu'il valait mieux installer la brebis tranquillement dans un plus petit box afin de l'aider plus facilement. Aussitôt la brebis transférée, la Bergère est allée chercher le seau d'agnelage, qui contient tous les instruments nécessaires aux naissances difficiles. Mon intuition m'a révélé qu'on y passerait la nuit. Aussi me suis-je approché et installé dans mon coin préféré du box. J'ai appuyé mon dos contre le mur de pierre afin d'éviter qu'une brebis se glisse derrière moi pour jouer avec ma queue, ce qu'elles adorent faire, mais qui m'agace grandement.

Quand la Bergère est revenue avec le seau, elle est entrée dans le box, a attrapé la brebis et l'a couchée sur le flanc. La future mère faisait tout ce qu'on attend lors d'un agnelage normal : elle se léchait les lèvres pour se préparer à nettoyer son agneau, elle étirait le cou et tout le corps, poussait et bêlait doucement alors que les contractions commençaient. Pendant que j'observais tout cela, la Bergère m'a dit :

— Oui, je sais, je sais. Quelque chose ne va pas du tout, Bodacious.

Comme nous étions à l'abri du vent, dans la bergerie, la Bergère a enlevé son manteau et l'a drapé dans un coin du box, à quelque distance de moi. J'en ai été contrarié, car elle n'avait pas pensé que je pouvais souhaiter m'y installer afin de le garder au chaud pour elle. J'ai dû la réprimander en longeant la palissade de bois pour aller m'allonger sur son manteau tiède. Je suis parvenu à oublier pendant un temps que les autres brebis risquaient de venir me renifler la queue. Cet agnelage était plus important et potentiellement beaucoup plus compliqué.

Autant te prévenir, lecteur, que l'agnelage est parfois un peu gore. Mais la Bergère et moi, on le pratique depuis tant d'années désormais que nous sommes habitués et que nous savons que cela fait partie d'un processus naturel. Le cycle de la vie existe dans le monde ovin comme dans le monde humain. Aussi, après s'être enduit la main droite de gel lubrifiant, la Bergère l'a enfoncée dans le vagin de la brebis et s'est aperçue que le col de l'utérus n'était qu'à moitié dilaté.

— Oh là là, Bodacious, ça s'annonce mal !

Elle a soupiré, puis grogné. Ça prenait une fâcheuse tournure.

— Mais pourquoi, pourquoi fallait-il que ça tombe sur cette brebis ? a-t-elle gémi.

C'était une brebis de très haute qualité, nouvelle dans mon troupeau. Elle nous était arrivée gestante d'un bélier qui n'avait aucun lien de parenté avec les moutons de notre ferme. Nous souhaitions renforcer notre capital génétique en produisant des agneaux sans lien avec nos autres brebis, et espérions donc qu'il y ait au moins un agneau mâle. Cela enrichirait l'héritage génétique et améliorerait mon troupeau de moutons de race.

De la main, la Bergère a exploré la cavité utérine de la brebis, à la recherche d'une façon de l'aider à expulser l'agneau. Elle massait le col pour le dilater. Cela a pris du temps, car la bergère devait tirer quand la brebis poussait. Elles travaillaient en tandem pour provoquer l'ouverture du col et agrandir la voie par laquelle l'agneau allait passer. La Bergère a commencé à enlever une à une ses épaisseurs de vêtements, au fur et à mesure que son travail devenait plus intense. Les habits qu'elle ôtait s'accumulaient en tas dans un coin du box.

Manique a décidé de faire une apparition. Il est venu se frotter contre la palissade extérieure du box où s'échinait la Bergère. Je me suis déplacé vers le tas de vêtements afin de le maintenir au chaud et j'ai ordonné à Manique de prendre la relève pour la corvée de réchauffage du manteau. À ce stade, malgré le froid mordant et le vent qui sifflait à l'extérieur de la bergerie, la Bergère ne portait plus en haut qu'un simple t-shirt noir. Elle avait le front qui ruisselait de sueur alors qu'elle luttait pour tirer l'agneau hors du ventre de sa mère. Quelque chose n'allait vraiment pas. La Bergère a marmonné qu'il allait falloir appeler un berger voisin pour l'aider, mais il était à présent 1 h 30, et elle s'est ravisée. Elle savait que, si elle avait vraiment besoin d'aide, elle pouvait demander à l'un des nombreux agriculteurs du voisinage. Ils se hâteraient d'enfiler quelques vêtements et arriveraient le plus vite possible. Mais la Bergère déteste réveiller les gens en période d'agnelage, quand tout le monde manque de sommeil.

Je m'étirais, bâillais et lui prodiguais des encouragements depuis ma confortable position. Je n'entends pas par là que je parle comme les humains. Ça serait ridicule. Je me suis contenté de miauler au moment opportun et d'offrir des encouragements généraux, à la façon des chats. Manique était moins pertinent, évidemment. À son âge immature et inexpérimenté, il était encore un peu idiot. Il n'arrêtait pas de sauter dans le box pour « aider » à cette laborieuse naissance. La Bergère n'en était pas ravie, car elle était en plein combat pour sortir l'agneau de sa cavité. Manique devait encore apprendre qu'il faut laisser le petit personnel humain faire les tâches ingrates, et ensuite en tirer toute la gloire. Il essaie toujours de prêter patte-forte pendant un agnelage !

Une fois, j'ai vu Manique vivre une mésaventure qui ne m'est jamais arrivée, une infortune sans gravité, mais assez unique. L'hiver dernier, alors qu'il aidait la Bergère à accoucher une brebis, celle-ci a perdu les eaux juste sur lui. La Bergère a failli tomber de rire en le voyant décamper, trempé de liquide amniotique, à travers le box. Il a fini par s'arrêter au milieu de la bergerie pour constater les dégâts et s'est mis à se nettoyer à coups de langue. Une deuxième brebis, sur le point de mettre bas elle aussi, s'est approchée et a décidé de l'aider dans sa tâche avec beaucoup d'enthousiasme. Manique avait l'air carrément éberlué en recevant des coups de langue sur le sommet du crâne, entre les oreilles. La Bergère a attrapé un fou rire. Elle a dû se tenir à la palissade pour ne pas tomber. Notre Bergère adore rigoler, et elle prétend que Manique lui a fourni la meilleure poilade de la semaine.

À présent, toutefois, nous n'avions guère de raisons d'être joyeux.

— Qu'est-ce qui ne va pas avec cet agneau ? a soupiré la Bergère, ennuyée.

Elle avait la jambe dans une position inconfortable qui permettait de maintenir la brebis allongée pendant qu'elle la manipulait. Elle a fait une pause pour l'étirer.

Dans un agnelage normal, la première chose que l'on voit, après la rupture de l'imposant sac amniotique, ce sont les deux pointes des sabots avant de l'agneau qui émergent, comme s'il s'apprêtait à plonger pour commencer sa vie. Puis suivent les sabots, les paturons et les jambes. Ensuite, le bout du museau, souvent avec la langue sortie, repose sur les pattes. Parfois, si la tête est trop grosse ou si le col n'est pas bien dilaté, l'agneau reste coincé. La Bergère doit alors tirer de toutes ses forces. On entend la brebis crier d'inconfort au début. Mais, quand le reste de l'agneau glisse vers la sortie sans difficulté, la nouvelle maman, toute contente, se met aussitôt au travail et lèche son agneau pour le nettoyer.

La Bergère continuait à se battre. Elle tirait, soulevait et manipulait lentement l'agneau. La brebis, couchée sur le flanc, était épuisée. La Bergère n'avait plus besoin de la maintenir allongée. Entre deux contractions, l'animal haletait. Malgré le froid vif de la nuit, la Bergère était couverte de sueur et s'essuyait le front sur la manche de son t-shirt.

— Je n'arrive pas à redresser les pattes de cet agneau ! Elles ne veulent pas bouger. On dirait qu'elles sont coincées et refusent de se plier, m'a-t-elle dit.

Elle avait les deux bras couverts de sécrétions, de gel lubrifiant et de quelques gouttes de sang. Tout ceci était parfaitement normal, à l'exception des jambes coincées du pauvre agneau. Quand, enfin, le col a fini de se dilater, la Bergère a mis la main dans la cavité utérine et a accroché une corde propre et solide autour des membres pétrifiés de l'agneau. Elle a fait alors descendre les pattes et la tête par le vagin, a tiré un grand coup, et l'agneau est enfin sorti.

Nous l'avons inspecté de près. Nous avons aussitôt vu que, malgré tous nos soins, il ne vivrait pas. Tous ses membres étaient tordus et incapables de mouvement. Il avait la tête déformée et ne possédait qu'un œil. L'une des pattes arrière était à l'envers.

— Oh non, pas encore un agneau Schmallenberg ! a soupiré la Bergère, épuisée.

Un agneau qui contractait ce virus pendant la gestation était une catastrophe.

La brebis, harassée, était toujours allongée, le souffle court après cet agnelage laborieux, mais elle était soulagée que ce soit fini. Après une minute ou deux, elle a tourné la tête lentement et a contemplé son petit à peine en vie, souffrant de terribles malformations, et lui a murmuré une parole aimante. Toute la soirée, elle avait attendu de rencontrer son agneau, d'en faire le tour. Elle l'avait cherché en sentant la poche des eaux se rompre, mais ce petit-là ne devait pas vivre plus de trois minutes avant que sa respiration et son cœur s'arrêtent. Le froid mordant de la nuit n'aurait même pas le temps de venir abréger la vie de ce nouveau-né. Quand un agneau est mort-né, la brebis le lèche et lui donne de petits coups de patte pour essayer de le ranimer et de le pousser à se lever ; mais, une fois que l'air a refroidi autour du corps, elle l'abandonne. De nombreuses fois, j'ai vu des brebis se détourner d'un agneau en mauvaise santé ou né avec des malformations. La mère sait d'instinct que l'agneau ne survivra pas, et elle préfère le laisser mourir en paix. Si l'agneau, malgré son état, parvient à se lever, la brebis l'écartera souvent de son jumeau en bonne santé et ne le laissera pas téter. Les brebis n'agissent que par instinct. Elles savent qu'elles doivent s'occuper de l'agneau sain et que, pour être efficaces, elles doivent laisser l'autre mourir.

Déprimée, la Bergère s'est levée lentement, s'est penchée pour ramasser l'agneau désormais sans vie, puis a enjambé le portillon du box. Elle a laissé la brebis allongée se reposer après sa longue épreuve. J'étais toujours couché douillettement, à réchauffer ses vêtements. J'aurais pu être attristé par la mort de l'agneau, mais c'est la nature. Le cycle de la vie et de la mort continue, que je le veuille ou non.

Manique est descendu d'un bond alors que la Bergère attrapait son manteau pour se protéger de l'air glacial. Elle a quitté la bergerie, mais n'a pas tardé à revenir, armée d'antibiotiques pour protéger la brebis d'une infection. Elle lui a administré une dose de vitamines et de minéraux, et lui a apporté de l'eau fraîche et de la paille. Cette brebis ne se verrait pas confier d'agneau orphelin à nourrir, car l'agnelage avait été trop éprouvant. Elle serait tarie, recevant une alimentation pauvre en protéines afin de stopper la production de lait. Une fois remise, elle serait envoyée chez les brebis antenaises, nées l'année précédente, et passerait avec elles le reste de l'hiver.

À présent, tout était terminé et il était plus de 2 heures. La Bergère, triste et fatiguée, à nouveau couverte de tous ses lainages, est rentrée à la maison. Ma place sur la barrière n'était plus aussi chaude maintenant qu'elle avait repris ses habits. Je suis retourné à l'écurie pour me rouler en boule dans le foin, qui fleurait bon l'été. Manique a suivi la Bergère au trot tout en lui parlant des événements de la nuit. Il espérait qu'elle le laisserait entrer pour se blottir près de l'Aga, mais je savais qu'il n'en serait rien. C'était un souhait sans espoir, mais Manique était toujours optimiste. Il ne tarderait pas à me rejoindre dans l'écurie pour s'abriter du vent et terminer confortablement la nuit. Peut-être qu'une souris de passage nous procurerait un peu de sport en attendant l'aube et le petit déjeuner…

Le matin suivant, après avoir apporté eau, nourriture et soins aux brebis avec des agneaux nouveau-nés, inspecté la bergerie d'agnelage et nourri le reste du troupeau, je me suis installé sur l'Aga pour me réchauffer. J'écoutais, l'oreille frémissante, le croassement des corneilles succéder au bêlement des moutons qui réclament leur petit déjeuner. Les corneilles jacassaient, échangeaient des coups de bec et se disputaient autour des mangeoires, dans les prés, à la recherche des granulés que les moutons auraient oubliés. La Bergère regardait sa tasse de thé, les yeux vides, exténuée. Je voyais bien qu'il s'agissait de la bonne fatigue de longues heures de travail éreintant.

# 13

## Le mois de la boue

Février marque l'anniversaire de mon arrivée à Black Sheep Farm et mes premiers jours blotti devant l'Aga. Dans la sagesse populaire irlandaise, on considère également que c'est le premier mois du printemps, bien qu'avec ces vents mordants, les averses de neige fondue et les arbres dénudés, je me permette d'avoir un avis divergent.

La plus illustre de nos déesses irlandaises est Brigid, qui veille sur l'eau, le printemps, la fertilité et la guérison. C'est la déesse préférée des poètes. On rend hommage à Brigid, dans l'Irlande rurale, dans de nombreuses communautés, le premier jour de février : une croix est tressée avec des joncs, des roseaux ou de la paille. Cette croix végétale rappelle l'ancienne fête païenne d'Imbolc, qui marque la fin du plein hiver et le début du printemps. Le païen Imbolc s'est transformé, à notre époque, en jour de la Marmotte, qui célèbre l'espoir de voir arriver le printemps. On pense que la croix de sainte Brigid a des origines préchrétiennes et se rapporte au symbole de la croix solaire, réputée pour représenter les quatre saisons.

Février est aussi le mois où tout le monde souhaite que l'hiver s'achève, mais il reste encore quelques surprises météorologiques à venir. Quand la tempête Darwin a dévasté notre île au bord de l'Atlantique, en février 2014, je me suis contenté de me rouler en boule tout contre l'Aga, pas inquiet pour un sou, mais la Bergère a travaillé dur toute la journée de la veille pour consolider et attacher tout ce qui risquait d'être arraché par le vent. Elle a ramené chevaux et moutons dans l'écurie et les bergeries. Les œuf-théticiennes avaient été enfermées dans leur poulailler la nuit précédente. Tout le monde avait de la nourriture, de l'eau et un abri sécurisé, car nous avions été prévenus que Darwin serait une tempête terrible. Et cela a été le cas, avec trente arbres renversés autour de la ferme, des clôtures défoncées et des murs de pierre écroulés. Par chance, seul un coin de la maison a été heurté par la chute d'un arbre, et les dégâts se sont limités à quelques ardoises arrachées et une gouttière tordue, qu'il a fallu remettre en place à coups de marteau. La tempête a entraîné de nombreuses réparations au niveau des clôtures et des murs. Les arbres tombés nous ont donné du bois de chauffage pour les années à venir. La Bergère appelle toujours cette provision de bois « le cadeau de Darwin ».

Cependant, la plupart du temps, l'hiver nous tient encore dans sa poigne glacée lorsque j'effectue ma ronde du matin avec la Bergère, à travers les névés qui parsèment les creux et les ruisseaux ombragés sur le flanc de la colline. Les névés sont les dernières bandes de neige qui ponctuent les champs lorsque tout a fondu. Je suis la Bergère, avec toute notre équipe canine, en direction de la station de nourrissage de cet hiver. Nous regardons la quantité de foin restante dans le râtelier circulaire pour déterminer le moment où aller chercher un nouveau ballot. Alors que le soleil descend sur cette journée encore hivernale, nous constatons qu'il faudra apporter une balle de fourrage dès le lendemain matin.

Un soir de février, au coucher du soleil, sous un croissant de lune montant, un cygne femelle a pris son envol dans notre vallée. Sa blancheur se teintait de rose dans les derniers rayons. Ses ailes bruissaient alors qu'elle remontait vers l'amont devant nos yeux. Elle a appelé son amant perdu, mais seul le silence lui a répondu. Les trémolos aigus de sa voix se répercutaient dans notre vallée, et nous nous sommes arrêtés dans notre pâture, sur la colline, pour observer sa trajectoire au-dessus de la rivière. Les chiens et moi, nous nous étions assis et scrutions sa route aérienne depuis les hauteurs de notre coteau. Son trajet passait juste au niveau de nos yeux. La Bergère était hypnotisée par la beauté de ce moment tragique. Elle nous a confié qu'elle avait entendu dire, un peu plus tôt, que le compagnon de cette femelle avait été trouvé, égorgé par un renard ou un chien errant, dans un champ plus loin en amont.

Comme le froid s'accentuait, la Bergère nous a ramenés à travers champs vers la maison. Alors que nous étions encore à quelque distance du corps de ferme, nous avons tous été avertis par nos nez d'un merveilleux fumet de ragoût qui émanait de l'Aga. L'odeur flottait vers nous à travers l'air glacé depuis la cheminée de la cuisine.

L'une des caractéristiques majeures de notre fourneau Aga, à cette époque de l'année – outre sa capacité à ranimer des agneaux nouveau-nés en hypothermie et à réchauffer félins, canins et humains après une sortie dans l'air froid –, est que sa cheminée extrait les senteurs de ce qui y mijote pour les diffuser aux environs. Quiconque se tient dans la cour ou les prés se sent enveloppé par l'exquise fragrance, qui nous attire tous vers le repas du soir, un délicieux ragoût de côtelettes d'agneau zwartbles. La Bergère insiste pour que je vous communique ici la recette :

- 4 à 6 cuillères à soupe d'huile d'olive
- 2 à 3 oignons rouges, coupés en dés
- Une pincée de sel de mer
- Une cuillère à soupe de poivre grossièrement moulu
- 4 côtelettes d'agneau zwartbles
- 2 à 3 poires, pelées, épépinées et émincées
- 2 à 3 pommes (préparées de la même façon)
- 2 cuillères à soupe de sauge fraîche ou séchée (ou une cuillère à soupe de sauge en poudre)
- 1 courge butternut, pelée, épépinée et émincée
- 5 grosses carottes, pelées et coupées en rondelles

Faites chauffer 2 à 3 cuillères d'huile d'olive à feu moyen. Ajoutez les oignons, le sel de mer et le poivre. En remuant, cuisez jusqu'à ce que les oignons soient transparents. Ajoutez 2 à 3 cuillères d'huile d'olive. Ajoutez les côtelettes d'agneau et faites-les dorer de chaque côté, environ 4 minutes par face. Ajoutez les poires, les pommes et la sauge. Ajoutez la courge et les carottes. Couvrez et placez dans l'Aga à 150 °C et laissez cuire 5 heures. Montez à 180 °C et remettez le ragoût dans le four pendant 45 minutes Enlevez les os avant de servir. Bon appétit !

Ce soir-là, cependant, tout ne s'est pas déroulé comme prévu. La Bergère et nous tous, nous avons été accueillis par sa mère en pleine crise d'hystérie.

— Une chauve-souris ! Une chauve-souris ! Elle est dans la maison ! Vite, vite, attrape-la avant qu'elle se perde dans les rideaux et qu'elle meure ici.

Moi, je n'y comprenais rien, et ça ne m'a pas empêché de déguster le dîner que la Bergère venait de servir dans ma gamelle. Elle s'est mise à nourrir aussi Le Grand, Ours, Pepper et la Flaquetrice.

— Tu pourras faire ça après ! Attrape la chauve-souris d'abord ! insistait la mère de la Bergère.

Heureusement, la Bergère a répondu :

— Laisse-moi donner à manger aux chiens. Comme ça, ils seront occupés pendant que je chasserai la chauve-souris.

C'est ce qu'elle a fait, et nous nous sommes tous rempli la panse avant de nous retirer dans un coin confortable pour dormir, repus. C'est alors que le vacarme a commencé.

Miss Marley paressait dans son grand et luxueux saladier, en haut de notre placard de cuisine, et Manique se trouvait à sa place favorite, blotti contre l'Aga pour absorber le plus de chaleur possible. Quand La Bergère a ouvert la porte qui relie notre cuisine au reste de la maison, la pièce suivante était éteinte, de sorte qu'il y faisait noir comme dans un four. Nous avons entendu la Bergère demander à une créature de bien vouloir se diriger vers la lumière. L'instant d'après, la chauve-souris est entrée dans la cuisine, son arrivée saluée par un grand bruit dans l'un des saladiers en terre cuite alors que Miss Marley se jetait dans les airs à sa poursuite. Manique a atterri sur la table avec fracas. J'ai grimpé quatre à quatre les marches de l'arrière-cuisine pour trouver Miss Marley et Manique lancés dans une série d'extraordinaires acrobaties aériennes, essayant d'attraper l'animal. Bien entendu, je me suis joint à la chasse. La chauve-souris battait des ailes, volait et tournoyait sans fin autour de la cuisine. Elle bifurquait à une vitesse folle pour éviter nos griffes, les ampoules pendant à des fils électriques au plafond et les mains gantées de la Bergère.

L'équipe canine se contentait d'observer le chaos, chacun arborant cet air perplexe qu'ils avaient perfectionné au fil des ans : *« Quoi, qu'est-ce que tu veux qu'on y fasse ? »*

Seule la Flaquetrice, la plus récente recrue de la bande, était surexcitée et courait en rond. Elle a fait trébucher la Bergère, qui s'efforçait d'attraper la chauve-souris tourbillonnant comme une toupie volante, tout en essayant de ne pas écraser sa jeune chienne, pas plus grosse qu'un rat.

À ce moment de notre chasse confuse et chaotique, j'ai sauté sur un tabouret de bar, à côté de l'évier, afin d'avoir la hauteur nécessaire pour bondir sur la chauve-souris lorsqu'elle plongerait derrière les théières sur l'appui de fenêtre. Mais pendant ma trajectoire si soigneusement calculée, j'ai perçu un cri très contrarié qui m'intimait l'ordre de reculer et de mettre un terme à ma traque. C'était la Bergère ! Elle avait miraculeusement attrapé la chauve-souris dans ses mains gantées. Après avoir crié à sa mère que c'était bon, elle a inspecté l'animal de près, avec mon aide. C'était une chauve-souris très commune, que l'on trouve souvent dans notre voisinage : une pipistrelle.

Les chauves-souris ne sortent pas d'hibernation si tôt, par un temps si froid, et la Bergère sentait bien que quelque chose n'allait pas. Pendant qu'elle la tenait dans sa main, le pouce doucement appuyé sur elle, je l'ai regardée l'examiner. Elle a vite remarqué qu'elle était très maigre, ce qui expliquait sans doute qu'elle se soit réveillée en avance. Elle avait brûlé sa réserve de graisse pour l'hiver.

La Bergère a saisi l'une des seringues d'un millilitre qu'elle utilise pour soigner les moutons. Elle l'a remplie d'un mélange d'eau et de glucose, puis en a versé doucement, une goutte à la fois, dans la bouche de la chauve-souris. Celle-ci léchait chaque gouttelette avec avidité dès qu'elle se formait.

Malheureusement, il était trop tard pour aller acheter des vers de farine dans une animalerie. La Bergère a donc écrasé un peu de nos croquettes pour chat avec de l'eau tiède. Quand la chauve-souris a fini de manger la bouillie et de se désaltérer, la Bergère l'a posée dans un carton, qu'elle a recouvert d'un torchon et placé sur une étagère de la cuisine, bien au chaud. Cette chauve-souris avait manifestement besoin d'être généreusement nourrie avant de pouvoir reprendre son hibernation.

De nombreuses chauves-souris habitent partout dans notre ferme. Elles peuplent les combles sous le toit d'ardoises de la maison, les creux dans nos arbres et les trous dans les murs de pierre qui délimitent nos prés et notre jardin. Quand nous réparons les murs pendant les mois d'été, nous remarquons souvent de petits orifices. Nous posons alors un petit morceau de mousse à l'entrée, avant la nuit. Le lendemain matin, nous venons regarder si la mousse a été poussée de côté. Si c'est le cas, cela signifie qu'une chauve-souris gîte à l'intérieur. Nous marquons le trou avec une flèche rouge, car nous ne voulons pas fermer l'accès à une maison de chauve-souris.

Les chauves-souris font de gros dégâts sous les ardoises, dans les combles. Leurs déjections malodorantes éclaboussent les vitres et les rebords de fenêtres quand elles rentrent à tire-d'aile pour venir nicher, dans les premiers rayons de l'aube. Un soir, j'ai vu vingt chauves-souris voler dans la maison. La Bergère et sa famille avaient des invités, qui n'étaient pas du tout ravis d'aller se coucher avec ces intruses volant au-dessus de leurs têtes dans le noir et risquant de se prendre dans leurs cheveux. C'est alors que ma coéquipière est devenue la bergère d'une colonie de chauves-souris. Elle passait de pièce en pièce pour les faire sortir le plus calmement possible afin de ne pas terrifier nos invités.

Les chauves-souris vous semblent peut-être laides et terrifiantes, à vous autres, humains, mais pour nous, les chats, elles sont le plus prodigieux des gibiers. Les chasser me rend complètement zinzin. En fait, elles sont essentielles et très utiles, car elles évitent la prolifération d'insectes. En outre, ce sont des espèces protégées. Toute méthode visant à les décourager de venir s'établir dans un lieu est illégale. La Bergère pense que le meilleur moyen de s'accommoder de leur population dans notre ferme est de construire des hôtels à chauves-souris, de forme bien spécifique, et de choisir les meilleurs endroits pour les installer.

La Bergère n'est pas la seule à aimer toutes les créatures, petites ou grandes. De plus en plus de fermiers sont conscients que nous avons besoin du plus petit insecte, du moindre ver et de chaque champignon, et que chacun doit vivre et être bien nourri grâce à notre sol. Cela nous aide à faire fleurir des méthodes créatives de production de nourriture pour les générations à venir. Ces minuscules organismes apportent à nos prés et jardins une saine floraison et nous récompensent par une abondance de nourriture délicieuse, qui profite de ce traitement chimique naturel, m'a expliqué la Bergère.

Par « chimique », elle n'entend pas la chimie de la nature, cette vanité humaine, qui est parfois dangereuse pour la nature elle-même.

La Bergère estime qu'en tant qu'agriculteurs intelligents, nous devrions respecter ce que le physicien américain Richard Feynman a un jour affirmé : « Le savoir scientifique est un corps de déclarations à la certitude variée : certaines très nébuleuses, d'autres presque sûres, aucune à cent pour cent. Si, lors d'un cataclysme, tout le savoir scientifique devait être détruit et qu'une seule phrase devait passer à la génération suivante, laquelle recèlerait le plus d'informations dans le plus petit nombre de mots ? Je crois que c'est l'hypothèse atomique qui dit : "Toute chose est faite d'atomes, de petites particules mues d'un mouvement perpétuel, qui s'attirent quand elles sont proches, mais se repoussent si on les écrase l'une sur l'autre." Dans cette phrase, vous le verrez, réside une énorme quantité d'informations sur le monde, si l'on y applique un tout petit peu d'imagination et de réflexion. »

La Bergère déclare : « Il faut semer les graines du doute afin que les pensées puissent germer pour nous élargir l'esprit, et nous aider à apprendre et à expérimenter de nouvelles choses chaque jour. »

Bien sûr, toutes ces précautions prises pour les chauves-souris ne nous empêchent pas, nous autres, félins de ferme, de nous livrer à notre sport favori lorsque l'une d'entre elles entre dans la maison. De même que j'entends le craquement d'une coquille d'œuf depuis l'autre bout des prés et que

Miss Marley bondit lorsqu'elle reconnaît le son d'une boîte de conserve que l'on ouvre, nous trouvons, tous trois, impossible de rester immobiles dès lors qu'une chauve-souris vole dans la bâtisse.

Souvent, en février, nous nous promenons dans les bois, sous la pluie, pour voir les premières pousses de jonquilles et de jacinthes sauvages percer l'humus décomposé par l'hiver. Les corneilles croassent en foule dans les ramures dénudées. Dérangées par notre venue, elles s'envolent dans une tornade de plumes noires, jacassant d'un air contrarié. Alors que nous marchons entre les noisetiers, leurs chatons se balançant dans le vent, notre fourrure se trouve parsemée de pollen. Lorsque l'on tente de se nettoyer, cela entre dans le nez et provoque des éternuements. Une nouvelle tempête vient se déchaîner dans notre vallée, et les arbres vibrent au son de son approche. La pluie battante me fouette le dos alors que j'aide à nourrir les moutons dans les prés. Épuisé par les éléments, les pattes boueuses, reconnaissant d'avoir une chaude fourrure et conscient que la Bergère ne tardera pas à venir se préparer un thé, j'entre dans la cuisine, m'ébroue et me roule en boule près de l'Aga.

# Postface

Assis au sommet d'une colline herbeuse, j'écoute le joli silence de la nature. Pas de tracteurs, de voitures ni de voix humaines. Aucun son ne vient vibrer à mes oreilles velues. Oui, les arbres bruissent, les oiseaux chantent, un écureuil gris ronchonne, les corneilles s'interpellent ; au loin, un faucon lance son cri, une buse lui répond, une vache meugle… mais le sol sous mes pattes respire dans la chaleur retrouvée d'une brise venue du sud. Alors que je reste immobile, mon esprit s'active. J'entends le sol inspirer. Goutte après goutte, il éclate, aspire et fait des bruits humides alors que les cristaux de glace fondent et que l'eau revient l'irriguer.

Tandis que le givre se liquéfie, la terre fertile diffuse une fraîche fragrance d'herbe, de feuilles et de plantes. Le fumier détrempé, décomposé et digéré par les vers, les champignons et les moisissures, laisse échapper des bactéries qui se répandent dans l'air avec l'aide du vent matinal. Sur la majorité de la surface de notre planète Terre, la richesse de dix centimètres de sol fertile est ce qui nous nourrit, ce dont nous sommes faits, là d'où nous venons et où nous retournerons.

Comme le dit la Bergère : « Bénis sont ceux qui reconnaissent et nourrissent la terre, y sont attentifs et en prennent soin en faveur des autres. Ceux qui la maltraitent, l'utilisent, la pillent, l'empoisonnent et idolâtrent de nombreuses matières puisées ou extraites loin en dessous doivent tout de même se nourrir. »

La Bergère me raconte qu'elle ressent un changement dans le monde, une faim, chez ceux qui vivent entourés de béton, de retourner à la terre et de la respecter, de la vénérer même, et d'estimer ceux qui la soignent et y vivent. Cette transition culturelle de respect envers ceux qui travaillent la terre pour produire de la nourriture a commencé il y a longtemps, lorsque de petites communautés échangeaient de la nourriture contre des biens matériels. Avant que le pétrole devienne la substance par laquelle le monde humain est propulsé, fertilisé et chauffé, la terre saine et riche était capable de nourrir, d'habiller et de chauffer tout le monde.

La Bergère a raison, j'imagine. Pendant mes années où j'ai arpenté les prés de Black Sheep Farm, j'ai appris combien notre sol est important, et comme il est doux de le sentir sous mes pattes. La terre est bonne pour vous et avec vous lorsque l'on en prend soin et que l'on veille sur elle. La prochaine fois que vous vous assiérez à table, remerciez la terre pour votre existence, en plus du Dieu auquel vous croyez. Un sol en bonne santé est ce qui vous permet de survivre sur cette belle bille bleue qui flotte dans l'univers.

Je serai éternellement reconnaissant à la Bergère d'avoir suivi le conseil de Jaszia et d'être allée regarder un chat dans un magasin de cuvettes de toilettes fantaisie, il y a si longtemps, et de m'avoir ramené à Black Sheep Farm. J'ai aimé passer de mon ignorance citadine au savoir rural. Je crois ne pas mentir en disant que rien n'est comparable aux aventures que j'ai vécues et à la charge de travail que j'ai supportée dans ma vie à Black Sheep Farm.

# Un mot de la bergère

*« La mort donne du sens à notre vie. Elle confère au temps importance et valeur, car il n'aurait pas de signification si l'on en avait trop. »*

Ray Kurzweil

*1er février 2019*

Je sors dans l'obscurité silencieuse, immobile, du matin. Alors que je nourris les chevaux sous les lampes de l'écurie, un rouge-gorge me réprimande : je l'ai réveillé trop tôt. Il s'époumone en sautant ici et là, se perchant sur un poteau ou une poutre, gonflant son plumage pour protester contre cette intrusion sur son territoire. Je descends l'allée pour nourrir les agnelles ; l'aube projette des ombres sur les arbres et le paysage vallonné. Les oiseaux se mettent à chanter, chaque espèce ajoutant sa mélodie particulière dans un concert dont le volume augmente à mesure que le jour se lève. Cela me rappelle le mois de février de l'année dernière, quand une terrible vague de froid nous est tombée dessus. Bodacious m'observait alors, tout comme il le fait maintenant, pendant que je trimais dans la bergerie d'agnelage quarante-huit heures durant pendant le pic de la tempête, alors que le vent hurlait, que la neige tombait et s'amoncelait à une hauteur que l'on n'avait plus vue depuis des décennies.

Aujourd'hui, la météo semble clémente par comparaison, ajoutant une touche mauve brumeuse en cette journée de la Sainte Brigitte, qui fut autrefois la fête païenne d'Imbolc, point médian entre la froide obscurité de l'hiver et l'attente de jours plus longs avec l'équinoxe de mars. Mes tâches accomplies, je remonte la colline en direction de la cuisine où je prendrai ma première tasse de thé. Les chiens halètent à ma suite, hors d'haleine après leur exercice matinal. À mi-chemin, je vois frémir devant la lisière des bois les hautes herbes jaunies par l'hiver. La silhouette sombre d'un chat se faufile dans notre direction, la rosée imprégnant davantage sa fourrure à chaque pas. Peu après, Bodacious nous salue d'un miaulement et d'un ronron, comme chaque matin. Cela me réjouit, car l'hiver a été rude pour mon ami félin. Le soleil laiteux avait du mal à réchauffer ses vieux os. Depuis trois semaines, il n'est pas en forme et j'ai dû l'installer à plusieurs reprises dans la caisse de transport qu'il déteste tant, afin de l'amener chez le vétérinaire. Nous craignons qu'il ait une infection, et il a dû passer plusieurs nuits à la clinique, avec une perfusion d'antibiotiques. Mais à présent, il semble redevenu lui-même, et une fois les salutations terminées, nous reprenons notre marche vers la chaleur de la cuisine et notre petit déjeuner. Plus tard dans la journée, je l'emmène faire un bilan, pleine d'espoir que ses tests sanguins soient normaux et témoignent de sa bonne santé retrouvée. Ce serait le début de la convalescence.

Bodacious est d'assez bonne humeur. Il vient de savourer un repas sain et plus chic qu'à l'accoutumée avec du poulet rôti et des dés d'abats crus. Chaque fois que j'ouvrais le réfrigérateur, il réclamait son œuf. Mais à présent, alors que le vétérinaire m'interroge et que je lui dis que Bodacious va mieux et mange bien, je lui avoue aussi que je m'inquiète de voir son ventre gonflé. Lorsqu'il s'allonge après un bon repas, ses intestins produisent des bruits inhabituels, très audibles.

Je le tiens pour que le vétérinaire lui ausculte l'abdomen. Il secoue la tête.

— Ce n'est pas bon. Pas bon du tout. C'est mauvais signe.

Il découvre une grosseur qui n'était pas là lorsqu'il a examiné Bodacious deux semaines plus tôt. À l'époque, le vétérinaire avait fait une prise de sang et augmenté les antibiotiques en découvrant un taux élevé de globules blancs. Les résultats de tous les autres examens – reins, foie, leucémie, sida du chat, etc. – étaient négatifs.

J'aide à maintenir Bodacious pendant que le vétérinaire effectue une radio de son abdomen, à la recherche d'une tumeur. Ni le spécialiste, avec son œil expert, ni moi, ne discernons clairement la masse dans le ventre, mais la radio montre qu'une portion de l'intestin est distendue par les gaz. Le vétérinaire me propose trois options. Première possibilité, je peux emmener Bodacious à Dublin lundi prochain pour demander un deuxième avis. Sinon, je peux accepter une chirurgie exploratoire pour voir si la tumeur présumée est opérable. Si elle ne l'est pas, on pourra alors abréger les souffrances de Bodacious tant qu'il est sous anesthésie. Et enfin, je peux décider de le ramener à la maison le temps de réfléchir.

Comme on est vendredi en fin d'après-midi, je décide de ramener Bodacious chez nous pour envisager une éventuelle opération, mais à peine me suis-je garée dans la cour de ferme et ai-je laissé sortir le chat que mon téléphone sonne. C'est le vétérinaire, qui me demande de ramener illico Bodacious à la clinique. Ses collègues ont regardé la radio ensemble, et ils estiment qu'il souffre d'occlusion intestinale. Ils voudraient lui faire une échographie et l'opérer si le diagnostic est confirmé.

Bodacious proteste vigoureusement quand je le remets dans la caisse abhorrée. Inca s'échappe de la cuisine alors que je ramène Bodacious à la voiture. Je vais donc être obligée de la prendre avec moi. Me voilà repartie vers la clinique, Inca assise sur mon épaule pendant que je conduis. Je ne peux pas la laisser dans le véhicule, car elle a appris à déclencher l'alarme. Le moment est mal choisi pour faire du bruit, aussi je la fourre dans mon manteau pour porter Bodacious dans son panier de transport jusqu'à la clinique.

À l'intérieur, je suis accueillie par les quatre vétérinaires. Nous amenons Bodacious dans la salle d'échographie. Avec l'aide de l'un des docteurs, je maintiens le petit malade en place tandis qu'Inca, toujours installée dans mon manteau, tremble de tous ses membres à l'idée qu'on lui fasse une piqûre ou pire, qu'on lui flanque un thermomètre dans le derrière. On tond la magnifique fourrure de Bodacious sur le ventre, puis deux vétérinaires le tiennent pendant que les deux autres se relaient pour déplacer et appuyer la sonde sur son abdomen. Personne n'arrive à déterminer s'il s'agit d'une tumeur ou d'une occlusion. Cette fois encore, je me vois proposer trois possibilités par la prévenante équipe : une chirurgie exploratoire afin de déterminer ce que l'on peut faire, surtout s'il s'agit d'une occlusion, deuxièmement, en cas de tumeur, évaluer son stade, puis le recoudre et le ramener à la maison pour finir ses jours. La troisième option, s'il s'avère qu'il doit trop souffrir, consiste à l'endormir définitivement pendant qu'il est sous anesthésie. Aucune de ces possibilités ne me plaît.

Je dois laisser Bodacious avec l'équipe vétérinaire pour sa première opération, et me hâter de rentrer nourrir son troupeau de moutons noirs. Alors que je quitte la clinique pour mon trajet jusqu'à la ferme, l'autoradio se trouve être réglé sur RTÉ Radio One. Le présentateur Ray D'Arcy est à l'antenne, entouré d'un groupe de folk. Je sors du village par la route qui mène chez moi, et une jeune femme, Sibéal, entonne cette complainte irlandaise, « Le Verre d'Adieu ». Jamais je n'avais entendu cet air si bien chanté, à moins que mes émotions me jouent des tours…

« Oh, tous mes camarades sont tristes que je parte. Toutes mes amoureuses voudraient me garder encore. Mais puisqu'il est écrit que je dois partir alors que tu restes, je vais me lever tout doucement, faire mes adieux à voix basse, et vous souhaiter d'être heureux. »

En entendant ces paroles, je sais aussitôt que ce sera la dernière fois que je verrai celui qui fut mon ami pendant quatorze ans. Cette chanson est le cadeau d'adieu que me fait Bodacious. Je pleure en écoutant la jolie voix de Sibéal résonner depuis l'autoradio alors que je parcours les étroites routes de campagne vers la maison.

L'émotion laisse rapidement la place aux tâches matérielles, car je n'ai pas le choix. Je donne au troupeau de Bodacious son repas du soir, un rituel qui me semble bien solitaire sans mon compagnon félin et ses ronrons. Le téléphone sonne une fois encore. Le vétérinaire m'annonce que le déclin de Bodacious s'accélère. Lors de l'opération, m'explique-t-il, ils ont découvert une impressionnante tumeur dans les intestins. Il n'aurait pas survécu plus de quelques jours au mieux, et aurait connu d'intenses douleurs. Aussi quand le vétérinaire me demande l'autorisation de l'euthanasier sans plus attendre pour lui éviter des souffrances, je ne peux qu'accepter. Et ainsi s'achève la vie de Bodacious, ce chat incroyable que j'ai eu l'honneur de côtoyer pendant près de quinze ans.

Pendant l'appel du vétérinaire, je m'appuie contre un mur de pierre dans l'allée qui mène vers les prés, et le chagrin me submerge. C'est tout juste si je parviens à lui demander de recoudre Bodacious et de le placer, bien blotti, dans la caisse de transport qu'il a tant haïe. Je raccroche, m'effondre contre le mur, et me laisse aller aux sanglots. Mais je ne m'accorde que quelques minutes pour pleurer : je dois achever de nourrir son troupeau avant d'aller chercher son corps. Je sais que je ne serai jamais capable de finir les tâches du soir une fois que je l'aurai ramené.

Je passe un coup de fil à une voisine pour qu'elle me conduise à la clinique. Dans cet état, je suis incapable de prendre le volant en toute sécurité. Une fois à la maison, alors que son corps est encore tiède, je l'enveloppe dans l'une de ses couvertures en laine de Zwartbles, puis le dépose dans l'un des cartons que j'utilise pour expédier mes couvertures de voyage à travers le monde. Je place la boîte dans l'un de ses endroits préférés, au coin de l'Aga. Puis je mets la bouilloire sur le fourneau pour me préparer une tasse de thé agrémentée d'un peu de whisky. Avec mon amie, nous trinquons à Bodacious.

Une fois mon amie partie, je reste dans la cuisine pour écrire un mail à ma famille et mes amis proches afin de leur annoncer la mort de Bodacious. Je viens de finir lorsque les chiens et moi entendons quelqu'un gratter avec force à la porte arrière. On croirait vraiment Bodacious qui exige qu'on lui ouvre. Contrairement à leur habitude, les chiens se mettent à aboyer à toute force. Ils s'élancent vers la porte. J'écarte le battant. Pas de chat à la belle fourrure fournie, pas de miaulement poli pour entrer, juste l'essence de son fantôme et les chiens qui courent en hurlant dans la nuit.

Le lendemain, nous creusons une tombe. Bodacious effectue son dernier voyage en quad et nous sortons dans le jardin pour l'enterrer, entouré des présents qui l'accompagneront dans l'autre monde : des fleurs fraîches cueillies chez nous, une croix de Sainte Brigitte, puisqu'il est mort le jour de sa fête, que j'ai tressée avec la paille des moutons, et un nid en laine de Zwartbles, où reposent trois délicieux œufs et quelques plumes de poule (pardon, quelques plumes d'œuf-théticienne). Et pour finir, deux photos, l'une de son œil, si beau et auquel rien n'échappait, et l'autre de lui en train de surveiller son troupeau depuis son perchoir préféré sur un poteau de grille.

L'assistance est composée de Manique, Inca, Pepper, Ours, le Grand, et de ma sœur et mon beau-frère.

J'ai écrit le discours suivant pour mon ami félin :

Bien que ce soit le jour d'Imbolc, de délicats motifs de givre forment une dentelle, comme les ombres des arbres encore nus. Le feu de la vie n'a jamais quitté Bodacious.

Il s'est juste un peu amoindri avec la maladie, mais la douleur était apaisée par le doux plaisir de notre amitié. Bodacious marchait à mes côtés qu'il qu'il pleuve, qu'il neige ou qu'il vente. Il me suivait là où les autres félins n'oseraient s'aventurer. Il choisissait d'avancer avec moi à travers les champs inondés et boueux, à travers la neige la plus profonde lors de la grande vague de froid, et sur les prés jaunes et parcheminés dans la chaleur de juillet. Il me tenait compagnie lorsqu'une nuit d'agnelage s'éternisait jusqu'à l'aube. Il restait assis près de moi à regarder le ciel indigo se fondre dans l'aurore puis le jour. Quand il faisait chaud, il appréciait une balade en quad, le museau levé dans la brise rafraîchissante.

La vie a quitté Bodacious, et on n'entend plus son miaulement exigeant.

Il est enterré là où poussent les fleurs sauvages. Sa dépouille repose à l'endroit où chaque jour, le soleil levant vient frapper le sol gelé. Il gît au sommet d'une colline, où la vue s'étend par-delà les prés et la rivière, jusqu'aux Monts Blackstairs au loin. Depuis le lieu de son repos éternel, il veille toujours sur les prés où paît son troupeau de Zwartbles.

Avec le temps, Bodacious ne sera plus qu'un souvenir, car ainsi va la nature : nous surestimons notre importance dans le grand ordre des choses, mais ce qui compte, c'est la façon dont nous vivons la vie qui nous est donnée. Sa mort me rappelle que la nature peut être cruelle, car toute chose qui vit est vouée à périr. Tu es né et un jour tu mourras, alors vis ton existence du mieux que tu peux. C'est que m'a enseigné Bodacious. Il vivait chaque jour au maximum, sans perdre un seul instant en futilités, et prenait grand plaisir aux choses les plus simples, par exemple un œuf tout juste pondu, encore tiède. Pour lui, la vie n'était pas compliquée : il se laissait porter par le flux et le reflux, surfant sur les vagues, dans l'espoir que la marée ne le fasse pas tomber. Et s'il vacillait, il se relevait aussitôt, prêt pour la prochaine aventure.

Nous sommes désormais en juin, alors que je rédige ce dernier chapitre de la vie de Bodacious. Je m'arrête souvent pour mettre mes pensées en forme, les traduire en mots. Je regarde par la fenêtre de la cuisine le chaud soleil d'été, si différent de la lumière sinistre et glaciale de l'hiver. Je sens que la nature est auprès de moi, avec sa force puissante qui englobe tout. Elle continue de m'envelopper de ses vêtements saisonniers à travers l'année. La vive douleur de la perte de Bodacious s'est atténuée. Je trouve un chaleureux réconfort dans les merveilleux moments que je peux rejouer dans mon esprit. Chaque recoin de Black Sheep Farm regorge de souvenirs de Bodacious et de nos rurales aventures. Ces pensées m'encouragent alors que j'enfile des bottes pour une nouvelle journée de travail. Je sais qu'en esprit, Bodacious sera toujours près de moi, avec son caractère bien trempé.

*Juin 2019*

Voici un poème que ma nièce de huit ans, Iris Crampton, m'a écrit le soir de la mort de Bodacious :

*La vie d'un chat est bien intéressante,*
*Qu'il vive dans la rue ou qu'il aime le chewing-gum.*
*Bien des chats, jeunes ou vieux, ont dû prendre cette décision déchirante.*
*Deviendrai-je chat de gouttière haut comme trois pommes ?*
*Courrai-je après un chien ?*
*Attraperai-je une souris qui court sur un mur ?*
*Bien des chats, petits ou grands, maigres ou gros, ont répondu à cette question.*
*Mais, ô cher Bodacious, tu l'as fait, et c'était une difficile décision.*
*Dieu l'a choisi pour être extravagant,*
*Dieu l'a choisi pour être unique,*
*Dieu l'a choisi pour être grand,*
*Dieu l'a choisi pour être chic.*
*Dieu lui a mis une main sur la joue,*
*Il a caressé son pelage tout doux,*
*Jusqu'à ce qu'il s'endorme.*

Aubin
IMPRIMEUR

IMPRIM'VERT
Votre imprimeur agit pour l'environnement

Achevé d'imprimer en juillet 2019
par Aubin Imprimeur à Ligugé
N° d'impression 1904.0380
Dépôt légal, août 2019
Imprimé en France
81123357-1